KB148929

[이동준 철학 문고 01]

LE VOCABULAIRE DE MARX

Emmanuel Renault

마르크스의 용어들

엠마뉘엘 르노 지음 · 유재홍 옮김

울력

Le vocabulaire de Marx by Emmanuel Renault
Copyright ⓒ Ellipses Edition-Marketing, Paris, 2001
Korean Translation Copyright ⓒ Ulyuck Publishing Co., 2012
All Rights reserved.

This Korean edition was published by arrangement with
Editions Ellipses (Paris)
through Bestun Korea Agency Co., Seoul

이 책의 한국어판 저작권은 베스툰 코리아 에이전시를 통해 저작권자와 독점 계약한
도서출판 울력에 있습니다. 저작권법에 의해 한국 내에서 보호를 받는 저작물이므로
무단 전재와 무단 복제를 금합니다.

마르크스의 용어들 (이동준 철학 문고 01)

지은이 | 엠마뉘엘 르노

옮긴이 | 유재홍

펴낸이 | 강동호

펴낸곳 | 도서출판 울력

1판 1쇄 | 2012년 1월 5일

등록번호 | 제10-1949호(2000. 4. 10)

주소 | 152-889 서울시 구로구 고척로4길 15-67(오류동)

전화 | (02) 2614-4054

FAX | (02) 2614-4055

E-mail | ulyuck@hanmail.net

값 | 9,000원

ISBN | 978-89-89485-87-2 03160

· 잘못된 책은 바꾸어 드립니다.
· 옮긴이와 협의하여 인지는 생략합니다

머리말

마르크스는 오늘날에도 여전히 아주 독특한 인기를 누리고 있다. 이론 운동과 정치 운동을 추동한 마르크스주의는 그의 사상이 놀라운 명성을 누리는 데 기여했다. 그런데 마르크스주의는 마르크스가 실제로 사용한 개념들과 그의 동료인 엥겔스나 계승자들(카우츠키, 레닌 등)이 (그에 대해) 사용한 용어들을 혼용하면서 마르크스를 대중적인 인물로 만든다. "널리 알려져 있는 것은, 그것이 널리 알려져 있기 때문에, 가장 적게 인식되어 있는 것이다"[1]라는 헤겔의 지적은 마르크스주의의 창설자에게 정확하게 적용된다. 사람들은 마르크스 사상에서 일반적으로 몇몇 핵심어들만을 추출하는데, 신기하게도 마르크스는 이러한 용어들('하부 구조,' '역사적 유물론,' '계급 의식'

---

1. 헤겔, 『정신현상학』의 서문, Vrin, 1977, 91쪽.

4

등)을 사용하지 않았으며, 반면에 '개인,' '욕망,' '경향' 등과 같이 여러 면에서 중요한 개념들은 지나쳐버린다. 마르크스주의의 위기를 극복하려면 알튀세르[2]처럼 마르크스의 저술에 대한 보다 명석한 독서, 포이어바흐가 말했을 법한 "자연종교라는 냉수의 사용," 이를테면 냉수욕에 의한 "물 치료" 요법[3]이 필요한지도 모르겠다. "현실적 사회주의"의 와해는 마르크스를 아주 빠른 속도로 고전 작가로 만들어버렸다. 그런데 오늘날의 교양 있는 독자들이 이해하는 마르크스는 이미 소멸한 마르크스주의 국가들이 세상에 적용하려고 했던 마르크스 사상과 별반 다르지 않고, 단순하기는 매한가지이다. 이 과정에서 마르크스 사상은 아무것도 얻지 못했다. 최근의 역사는 마르크스를 정치적 관심에서 멀어지게 하고, 그나마 남아 있는 그의 사유는 너무 일면적이어서 대중들로부터 마르크스 사상에 대한 관심을 이끌어내지 못하고 있다.

　고전적 사상가들을 위한 용어 정리는 그들의 사유를 독자들에게 보다 친숙하게 만드는 데 그 목적이 있다. 그런데 마르크스의 경우, 텍스트의 가독성을 확보하기 위해서는 그를 덜 친숙하게 만들어야 할지 모르겠다. 많은 독자들이 마르크스 사상을 이해하는 데 어려움을 겪는 이유는 어쩌면 종래에 너무

---

2. 알튀세르, 「마침내 마르크스주의의 위기가」, 『선언문, 포스트-혁명 사회에서의 권력과 대립Il Manisfesto, Pouvoir et opposition dans la société post-révolutionnaire』, Seuil, 1978, 242-53쪽.
3. 포이어바흐, 『기독교의 본질』, Maspéro, 1982, 93쪽.

나 자주 교조적인 철학 용어 사전 양식으로[4] 마르크스를 기술해 왔기 때문일 것이다. 그의 사상은 (필자도 참고하였고, 마르크스를 심층적으로 알고 싶은 독자들에게 추천하고 싶은, 라비카와 벤쉬상이 집필한 사전의 모델과 같이[5]) 비판적인 역사 용어 사전 양식으로 진술되어야 한다. 이 책에서 우리는 마르크스가 자신의 사유를 구상하기 위해 만든 용어들(번역에 의해 와전된 경우에도)의 의미를 탐색하고, 몇몇 핵심적 개념들에 내재된 혁신성, 애매성 그리고 이해의 난점 등을 강조할 것이다. 이 과정에서 마르크스 사상의 정합성이 훼손될 수 있으나, 다른 한편으로 모든 교조주의와 인위적인 체계화와 근본적으로 거리를 둔 부르주아 사회에 대항한 투쟁에 이론적 토대를 제시하는 세심한 비판적 시도로서, 역사와 정치 투쟁 운동에서 포착한 문제의식으로서 마르크스 사상이 선명한 빛 아래 드러날 것이다.

---

4. 부어M. Buhr/코징A. Kosing, 『마르크스−레닌 철학 소사전 *Kleines Wörterbuch des Maxistisch-Leninischen Philosophie*』, Dietz Verlag, Berlin, 1966 참조.

5. 라비카G. Labica/벤쉬상G Bensussan, 『마르크스주의 비평 사전 *Dicitionnaire critique du maxisme*』, PUF, 1985; 하우그W. F. Haug, 『마르크스주의 역사비평 사전 *Historisch-kritisches Wörterbuch des Maxismus*』, Argument Verlag, Berlin, 1994 sq.

차 례

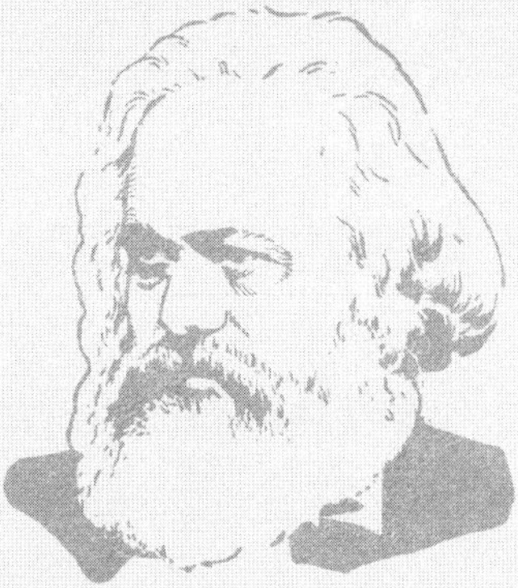

일러두기

1. 약호 사용: 이 글에서 인용된 마르크스의 저술들은 프랑스어 번역본에 기초하고 있다. 지은이는 다음의 약호로 마르크스의 저술들을 표시한다:

OI/OII/OIII/OIV: 『마르크스 전집 I, II, III, IV』(K. Marx, *Œuvres* (éd. M. Rubel), Gallimard, Bibliothèque de la Pléiade, 4권, 1965, 1968, 1982, 1994)

P: 『철학 선집』(K. Marx, *Philosophie* (éd. M. Rubel), Gallimard, Folio, 1994)

MK: 『크로이츠나흐 초고』(1843) (*Manuscrits de Kreuznach*, 『헤겔 국법론 비판』에서 인용, *Critique du droit politique hégélien* (trad. A Braquin), E.S., 1975)

IH: 『헤겔 법철학 비판』. 「헤겔 법철학 비판 서문」(1844) (*Contribution à la critique de la philosophie du droit. Introduction*, 『철학 선집』에서 인용)

QJ: 『유태인 문제』(1844) (*La question juive*, 『철학 선집』에서 인용)

Ms: 『경제학–철학 초고』(1844) (*Manuscrits de 44*, K. Marx, *Manuscrits de 1844*, Flammarion, 1996에서 인용)

SF: 『신성가족』(1845) (*La Sainte Famille* , E.S., 1972)

IA: 『독일 이데올로기』(1845-1846) (*L'Idéologie allemande*, E.S., 1976)

MP: 『철학의 빈곤』(1847) (*La misère de la philosophie*, 『마르크스 전집 I』에서 인용)

MC: 『공산당 선언』(1848) (*Manisfeste du partie communiste*, 『마르크스 전집 I』에서 인용)

IE: 「정치경제학 비판 요강 서설」(*Introduction de 1857*, 『철학 선집』에서 인용)

Gr: 『정치경제학 비판 요강』(1857-1858) (*Grundrisse*, 『마르크스 전집 II』에서 인용)

AP : 「정치경제학 비판 서문」(1859) (Avant-propos de la *Contribution à une critique de l'éconmie politique*, 『철학 선집』에서 인용)

TPI/TPII/TPIII : 『잉여 가치 학설사 I, II, III』(*Théories sur la survaleur, Théories sur la plus-value*, 3권, E.S., 1974, 1975, 1976)

ChI : 『"자본"의 미출간 장章』(1863-1865) (*Un chapitre inédit du* "Capital", U.G.E., 1971)

K : 『자본 I, II, III』(1867, 1885, 1894) (*Le Capital I, II, III*, 『마르크스 전집 II』에서 인용)

G : 『고타강령 비판』(1875) (*Critique du programme de Gotha*, 『마르크스 전집 I』에서 인용)

C : 『서신』(*Correspondance*, Edition du progrès, 1981, *Lettres sur le Capital*, E.S., 1964, *Lettres sur les sciences de la nature*, E.S., 1973)

Th : 「포이어바흐에 관한 테제들」

2. 이 책에서 인용된 마르크스의 문장들은 이미 국내에 번역된 『칼 마르크스/ 프리드리히 엥겔스 저작 선집』(번역 최인호 외, 박종철출판사, 1991)을 참조하였다.

3. 각주는 지은이의 것과 옮긴이의 것이 있다. 옮긴이의 것은 주 끝에 옮긴이 표시를 하였다.

4. 이 책은 *Le vocabulaire de Marx* (Emmanuel Renault, Ellipses, 2001)를 완역하였다. 용어의 항목은 우리말 순서로 재배열하였다.

가치 Valeur / Wert

* 마르크스는 『자본』에서 사용 가치와 교환 가치의 전통적인 구분을 수용하면서 가치 이론을 전개한다: "물적 존재의 유용성은 그 물적 존재를 사용 가치로 만들며"(K 40), 교환 가치는 "한 종류의 사용 가치가 다른 종류의 사용 가치와 교환되는 비율"(K 41)이다. 그런데 "교환 가치"는 "가치"의 "현상 형태"(K 43, 54)일 뿐이다. 교환에 있어 상품들의 통분성commensurabilité을 기초하는 것은 바로 "가치"이다. 가치의 "실체"와 "척도"는 "생리학적 의미에서의 인간 노동력의 지출 [···] 동일한 인간 노동 또는 추상적 인간 노동"(K 53)에 의한 "평균적인 필요 노동 시간 혹은 사회적으로 필요한 노동 시간"(K 44)으로 결정된다.

** "생리학적 지출"과 "가치의 실체"와 같은 표현에서 『자본』은 인간학적이며 동시에 실체론적인 가치의 정의를 제시한다는 인상을 줄 수 있다. 그러나 그렇지 않다. 마르크스가 여기에서 지적하고자 하는 것은 가치를 "사회적 실체"로 간주한다는 것이다(K 43). 한편으로, "사회적으로 필요한 노동"의 개념은 사회적, 역사적 제약을 전제하며, 따라서 "단순한 평균 노동도 나라가 다르고 문화적 시기가 다르면 그 성격이 [···] 달라진다"(K 43). 다른 한편으로, 노동 시간 자체가 자본주의를 규정하는 잉여 노동의 구속에서 벗어날 수 없다는 점에서 사회

적으로 필요한 노동 시간은 우리가 정치적이라고 지칭할 수 있는 제약을 선제로 한다: "노동자의 노동 시산이 노동 시산의 양과 관계를 갖는 가치를 창출하기 위해서 그것은 사회적으로 필요한 노동 시간이어야 한다. 그러기 위해서, 노동자는 주어진 시간에 사회적 규범에 일치하는 유용한 노동의 양을 실행해야 한다: "자본가는 적어도 사회적으로 당연한 평균 정도의 강도로 노동을 제공할 것을 그에게 강제할 것이다"(ChI 136). "유용한 노동"(K 47) 혹은 "구체적 노동"(K 57)은 "그 대상과 결합하면서"(K 203) 사용 가치를 산출한다. 그러나 물질적 크기가 아닌 사회적 크기인 사회적으로 필요한 노동 혹은 "추상적 인간 노동"(K 43)은 그렇지 못하다. 따라서 『자본』은 "육화된 노동"이라는 리카도의 쟁점을 포기하고, "가치들로서 드러나는"(K 44) 노동과 "인간 노동만을 표상하는" 가치를 언급한다.

*** 자본주의 생산 양식을 자연스럽고 영속적인 것처럼 제시하면서 가치의 대상을 탈정치화하려는 경향을 갖는 전통적, 속류적 정치경제학에 반하여, 마르크스는 가치를 "사회-정치적 개념"[1]으로 만듦으로써 모든 경제 현상들을 역사화하고 정치화한다. 그러나 가치 이론은 훨씬 더 역사화되었어야 하지 않았을까? 만일 필요 노동이 잉여 노동의 강제와 불가분의 관

---

1. 이 개념은 비데J. Bidet가 『"자본"으로 무엇을 할 것인가*Què faire du* Capital?』 (Klincksieck, 1985, 39-70쪽)에서 사용한다.

계에 있다면, 동일한 가치의 정의를 자본주의와 코뮌주의에 적용하는 것은 불가능해 보인다. 『철학의 빈곤』(OI 47-51)에서는 이에 동의하는 것처럼 보이는데, 『자본』(K 90, OII 1457)에서는 그렇지 않다.

개인 Individus / Individuen

* 개인의 범주는 욕망의 범주와 더불어 마르크스 인간학의 핵심적 요소이다. 『경제학–철학 초고』에서 "개인은 사회적 존재"(Ms 147)로 규정되며, 「포이어바흐에 관한 테제들」의 제6테제는 "인간의 본질은 각각의 개체 속에 내재하는 추상물이 아니다. 인간의 본질은 그 현실에 있어서 사회적 관계들의 총체이다"라고 진술한다. 마르크스는 이처럼 개체성을 사회적 관계들로 정의하면서 두 가지 목표를 추구한다. 첫째, 그는 인간 현존의 공동체적 차원의 모든 실체화에 반대한다: "무엇보다도 사회를 개체 앞에 추상물로서 고정시켜서는 안 된다"(Ms 147). 여기에는 헤겔의 "정신"과 포이어바흐의 "유類"에 대한 비판(Th 6)과 인간이라는 범주 사용에 대한 불신이 있다(IA 72). 둘째, 마르크스는 슈티르너가 제시하는 개인주의의 여러 형태들을 반대하면서, 개인들이 상호 간에 완전한 독립적 원자로 비교되는 것이나(SF 146-7), 스스로에 의해서 완전한 자립성을 확보(IA 63, 481)한다는 것을 논박한다.

** 우리는 인류가 개인들로만 구성되며 — 마르크스는 이 "수많은 일자—者"를 헤겔의 정신과 대립시킨다(MK 64) — 그리고 이 개인들은 "본원적인 자립성"(QJ, P 73)을 가지고 있다고 강조할 수 있다. 그렇다면 우리는 이러한 개인주의를 교환 과정이라는 자본주의적 특수 형태와 사회적 차별화 — 자본주의는 "각 개인의 사적 생활과 노동의 어떤 부분에 포섭된 생활 사이"를(IA 63) 구별하는 사회적 차별화의 가능성을 부르주아지에게 부여한다 — 와 관련된 환상으로 비난할 수 있다. 우리는 마르크스가 보편적 추상에 대립해서 개인을 옹호한다는 사실과 사회와 역사의 본성에 대한 반성을 통해 개인의 절대화에 대해 반대하고 있음을 알고 있다. 마르크스는 사회를 독립적인 개인 행동의 집합(IE, P 446-7)으로 이해하는 로빈슨 크루소 류類의 모험주의자들을 강력하게 논박하며, 개인들은 항상 규정된 사회적 관계들 아래에 "포섭됨"을 강조한다(IA 61-2). 그는 또한 사회적 관계들이 그 담지자인 개인들과 독립적으로 존재할 수 있는가를 묻는다: "따라서 우리가 생산을 말할 때, 이것은 언제나 사회적 변화에 일치하는 어떤 단계의 생산, 사회에서 살고 있는 개인들의 생산을 의미한다"(P 448). 물론, 개인에게 강제되고 그 현존을 규정하는 사회 현상들이 있으나, 이 현상들이 조건짓는 개인들의 행동 밖에서 사회 현상들의 고유한 현존은 있을 수 없다. 이것이 바로 사회적 관계들로 조건지어진 개체성의 원칙이다: "개인들이 사회에서 사회적으로 규정된 개인의 생산을 초래한다. 이것은 자연스러운 출

발점이다"(I, P 445-6). 개인들을 사회적 관계들에 의해 포섭된 현존으로 이해하고, 사회를 개별적 개인들의 사회적으로 규정된 행위로 분석하면서, 마르크스는 개인주의(부분으로 전체를 설명한다), 사회 유기체설(전체로 부분을 설명한다), 유명론(개별자만이 존재한다), 실재론(보편자들은 그 자체로서 실재적이다) 등 모든 대안들을 비켜 나간다.[1]

마르크스의 개체성 이론은 또한 과거와 현재의 사회 조직들과 결합된 개체성 형태를 비판하는 윤리적 함의가 있다. 진정한 개인은 아직 구성되지 않고 있다는 헤스의 원칙을 따르면서,[2] 마르크스는 역사적 개체성의 여러 형태들을 완성되지 않았거나 우연적인 개체성으로 파악하며, 코뮌주의를 "개인으로서"(IA 65, 70-1) 또는 "사적私的인 개인"으로서 개인의 제도로 이해한다: "사적인 개인과 우연적인 개인의 차이는 개념적인 구분이 아니라 역사적인 사실이다"(IA 66). 한정되고 추상적이면서 해체되어 있을 뿐인 한, 개체성은 "우연적인 것으로" 남아 있을 것이다. 현재의 사회적 관계들은 "고정된 개체성"(MK 85), "고정된 정신들"(Ms 182), "일방통행적인"(IA 67) 또는 "한정된"(IA 71) 현존, "자기에 한정된 개인"을 이끌어낸

---

1. 이 점에 대해서는 발리바르E. Balibar의 『마르크스의 철학La philosophie de Marx』, 28-34쪽을 참조할 것.
2. 헤스M. Hess, 「행동 철학」. 벤쉬상G. Bensussan, 『모제스 헤스, 철학, 사회주의 Moses Hess, la philosophie, le socialisme』, PUF, 1985, 173-97쪽. "진정한 개인 — 자기를 자각하는 정신, 자유인, 현실적인 보편적인 것 — 은 아직 구성되지 않았다." 183쪽.

다. 왜냐하면 이 관계들은 분업으로 규정된 어떤 부분 아래로 (개인의) 행위를 포섭하면서, 개인을 "개인 수단"(IA 65)으로 환원하고, 개체성의 자유로운 발전에 "족쇄들"(IA 67)이 되기 때문이다. 이 사실에서 또한 "추상적 개인들"이 발원한다. 생산들이 하나의 고유한 세계로 자립화되었기 때문에, 생산 수단의 사적 소유는 그들에게서 "삶의 현실적인 내용을 빼앗아버린다"(IA 71). 생산의 증대를 겨냥하는 모든 수단은 종국에는 "생산자를 증가시키며[…], 생산자를 기계에 부속된 장식물의 위치로 퇴행시키면서"(K 720), 프롤레타리아트에게서 "자기 활동의 모든 표현"(IA 71)을 빼앗아버린다. 이와 반대로 코뮌주의는 "類의 본질적인 힘들" 또는 개인들의 "소질"과 "능력"을 발전시키는 책임을 떠맡는다. 생산력의 발전은 이미 "본질적인 힘들"(Ms 165, 170, 172)의, 이러한 "능력"과 "소질"(IA 66-7)의 "활동"이다. 따라서 생산력을 재전유在專有하여 개인으로써 "개인"을 규정하는(IA 70-1) "자기 활동"에 도달하기 위해서는 생산 수단의 사적 소유를 폐지하여야 한다. 코뮌주의는 "모든 측면에서 개인들의 소질을 발휘하는" 수단을 개인에게 부여하며(IA 62), "총체적인 능력들의 발전"을 이루게 하는 "완전한 자기 활동"(IA 70-1)을 가능하게 한다; 이로부터 "총체적 인간"(Ms 147-8)과 "완전한 개인들"(IA 72)의 범주가 나온다. 마르크스는『자본』에서 한정된 것과 완전한 것의 대립을 서술한다. 마르크스는 자본주의가 프롤레타리아트를 "부분적 인간"(K 720)으로 환원시킨다고 비판하면서, "대수롭

지 않은 사회적 기능의 단순한 버팀목으로서의 부분적 개인을 각종 작업들을 차례로 수행하며 여러 가지 능력을 발휘하는 완전한 개인으로 대체"(K 548)할 것을 강력하게 환기시킨다.

*** 만일 욕망의 이론과 개체성의 정의가 유한성의 인간학에 밑그림을 그리는 것이라면, 개체성의 윤리는 우리가 절대적 주체의 형이상학이라고 명명할 수 있는 것[3]과 부분적으로 관계를 갖는 것처럼 보인다. 마르크스의 인간학이 개체성을 포섭하는 사회적 관계들을 통해 개체성의 조건화를 강조하고 있다면, 완전한 자기 활동으로 정의되는 코뮌주의는 그와 반대로 모든 사회의 사회적 · 역사적 조건화로부터의 해방과 개체성을 구성하는 전통 및 사회적 관계들에 대한 개인들의 총체적인 "통제"(IA 67), 즉 "개인들로부터 독립적으로 존재하는 모든 것을 불가능하게 하는"(IA 65) 통제를 상정한다. 여기에서 우리는 마르크스가 자신의 사회 철학의 근본적인 테제들과 양립할 수 있는 코뮌주의의 정의를 탐색하면서 겪은 어려움의 일례를 볼 수 있다.[4]

---

3. 이 점에 대해선 토젤A. Tosel의 「인간의 자기생산 또는 유한성의 코뮌주의」, 『마르크스 연구집 Etudes sur Marx』, Kimé, 1996, 23-47쪽을 참조할 것.

4. 로블랭J. Robelin, 『마르크스주의와 사회화Maxisme et socialisation』, Méridens Klincksieck, 1989 참조.

경향의 법칙 Loi tendantielle / Tendenzzielgesetz

*『자본』의 목표는 "자본주의적 생산의 자연 법칙"(K 5)을 규정하는 것이다. 마르크스는 이 법칙들 중에서 가장 중요한 법칙 ― 이윤율 저하 경향의 법칙 ― 에 "경향의 법칙"이라는 공식을 부여한다. 경향의 법칙은 "경향을 방해하는 원인들에 의해 그 전체적 실현이 정지되고, 지체되고, 약화되는"(OII 1017) 하나의 "경향"을 서술한다. 경향의 직선적인 발전은 이러한 여러 요인들에 의해 계속해서 방해를 받으면서 나선형 형태의 발전으로 변형되는데, 이 안에서 주기들은 언제나 보다 확장된 토대 위에서 서로 연결된다.

**"경향," "지체," "과정"(K 200), "전형轉形"(K 70, 118-20) 및 "중간 구성요소들"(TPII 183-5, TPIII 589)은 셸링의 역학적인 자연철학에서 유래하는 용어들이다. 마르크스는 자본주의에 대한 역학적 탐구를 계획하는데, 이 연구에서 자본주의의 역사적 생성 법칙을 발견할 뿐만 아니라, 자본주의를 실체나 구조라기보다는 하나의 자기 생산적인 행위로 해석하고자 한다: "현재의 사회는 결코 고정적인 결정체가 아니라, 변화될 수 있고, 또 끊임없는 변화 과정에 있는 하나의 유기체이다"(K 7). 현실을 (현실의) 생산에 종속시키는 바로 이러한 문제의식으로부터 단순 재생산 이론과 확대 재생산 이론이 나온다. 단순 재생산 이론(K 635-48)은 자본주의가 자신의 고유한 조건들을 끊임없이 재생산하면서 자기 자신을 확립한다는 것을 확증한다. 확대 재생산 이론(K 649-85)은 잉여 가치의 생산이라는 특별한 동력이, 『자본』에서 서술하는 여러 경향들(빈곤, 자본 축적, 자본의 유기체적 구성 등)을 산출하면서, 보다 확장된 토대 위에서 항상 변화하는 형태로 자본주의를 자기 재생산으로 이끈다고 서술한다.

*** 자본주의적 생산 법칙을 경제 행위의 영원한 법칙처럼 이해하는 경제학자들과 대립하여, 마르크스는 자본주의적 생산 양식은 스스로 고유한 조건들을 재생산하는 한에서만 존속될 뿐이며, 장기적으로는 생산이 낳는 모순 때문에 이러한 재생산이 멈출 수밖에 없다고 선고한다. 마르크스가 자본주의에 대한 "과학적" 선고를 공식화하는 것은 계급 투쟁에 의해 가속화되거나 또는 지체될 수 있는 경향 자체에 대한 연구에 근거한다. 이 사실로부터 정치 투쟁을 경제 법칙들에 종속시켜야 할 근거나(이것을 경제주의로 명명한다), 그람시처럼 혁명과 『자본』을 대립시켜야 할 이유가 없다는 것을 알 수 있다.[1]

계급 Classes / Klassen (**계급 투쟁** 참조)

---

1. 그람시A. Gramci, 「『자본』에 대항한 혁명」, 『논평집 *Textes*』, E.S., 1983, 43-7쪽.

계급 투쟁 Lutte des classes / Klassenkampf

* 『철학의 빈곤』에 따르면, 역사는 항상 "나쁜 쪽"(OI 189), "계급 투쟁"이라고 불리는 나쁜 쪽으로 나아간다. 『공산당 선언』은 사실상 "오늘날까지 모든 사회의 역사는 계급 투쟁의 역사다"(P 399)라고 진술한다. "모든 사회에서 지배받고 있는 계급 혹은 계급들은 지배하는 계급에 대항해서 지배를 확립하고 사회 전체를 자기에게 예속시킬 목적으로 투쟁한다"(P 412). 계급 투쟁이 역사의 흐름을 전반적으로 설명하는 역할을 하는 것은 역사의 유물론적 이해가 역사적 과정을 두 가지 요소로 서술하기 때문이다: 생산력과 생산의 사회적 관계들의 변증법이라는 객관적 요소(생산 양식 참조)와 계급 투쟁이라는 주관적 요소. 결정적인 기능을 하는 것은 객관적 요소인데, 그것은 계급 자체가 생산의 사회적 관계들에 의해 규정되기 때문이다. 그러나 혁명의 추이는 생산력과 생산의 사회적 관계의 모순에 개입하는 계급 투쟁의 방식에 따라 설명된다: "부르주아지는 자신에게 죽음을 가져올 무기만을 제조하지 않는다; 부르주아지는 또한 이 무기를 다룰 사람들 — 현대적 노동자들과 프롤레타리아 — 을 만든다"(P 407).

** 계급 투쟁 개념의 난점은 투쟁의 객관적 계기와 주관적 계기의 절합 — 이 절합의 장소가 계급이다 — 양식에 있다. 일반적인 원리에 따르면, 마르크스 이론에서 계급은 생산의 사

회적 관계들과 상응한다. 바로 이러한 의미에서『공산당 선언』은 부르주아지와 프롤레타리아트의 대립을 자본과 노동의 적대 관계로 규정한다.『자본』은 분배 관계의 분석을 통하여 이 도식을 보다 세분화한다. 여기에서 세 가지 형태의 수입과 일치하는 프롤레타리아트, 부르주아지와 지주라는 세 계급의 구분이 파생한다.『1848년부터 1850년까지 프랑스에서의 계급 투쟁*Die Klassenlcämpfc in Frankreich 1848 bis 1850*』이나『루이 보나파르트의 브뤼메르 18일』과 같은 역사적 저술에서 마르크스는 계급 투쟁의 실제적인 전개를 분석한다. 그는 계급을 여섯 또는 일곱 계급이나 분파들 ─ 재정財政 귀족, 산업 부르주아지, 프티부르주아지, 노동 계급, 룸펜 프롤레타리아트, 소작 농민, 대지주 ─ 로 구분하며, 계급 개념에 "경제적 조건," "삶의 유형," "이해," "문화," "전통이나 교육"을 통해 전달된 "생각하는 방식과 특정한 철학적 이해들"(OIV 464, 532-3)과 같은 요소들을 도입한다. 이를 통해 마르크스의 계급 이론은 부르주아 사회가 계급의 적대적 관계를 "단순화시킨" 봉건 사회에 대항한 부르주아지의 투쟁의 결과물이라는 이론과 거리를 갖는다: "점점 더 사회는 직접적으로 대결하는 두 개의 적대적 진영, 즉 두 계급 ─ 부르주아지와 프롤레타리아트 ─ 으로 나뉜다(MC, P 399-400).『공산당 선언』이 돌이킬 수 없는 적대 관계("적대적 대립," P 440, "전쟁," P 394, 413)와 국지적 투쟁의 보편화 전망을 강조하는 반면에, 마르크스의 역사적 저술들은 국지적인 성격이 투쟁에서 차지하는 중요성과 계급의 "동맹"

(OIV 466)에 대한 연구에 집중한다. 덧붙이면, 마르크스는 계급 관계와 계급 투쟁의 표상들 사이에서 주서하는 것같이 보인다. 사실, 『독일 이데올로기』와 『철학의 빈곤』에서 계급 투쟁은 계급 구성의 조건(계급의 관계적 표상)인 반면에, 『루이 보나파르트의 브뤼메르 18일』에서 계급 구성은 계급 투쟁의 조건(계급의 실체적 표상)이다(OI 134-5). 마르크스의 저술에서 "진정한 계급 투쟁의 조직 이론을 [...] 찾을 수 없다고 한다면," 알튀세르의 지적처럼 그의 이론에는 "완전한" 계급 투쟁 이론이 결여되어 있다고 결론지을 수 있다.[1]

*** 1852년 3월 5일, 바이데마이어에게 보내는 서신에서 마르크스는 다음과 같이 말한다: "현대 사회에서 계급의 존재나 이 계급이 몰두하는 투쟁을 발견한 것은 나의 업적이 아닙니다."(수입의) 분할에 의한 계급의 분류는 사실상 정치경제학에서 사용되고 있었고, 역사에서 계급의 적대 관계의 영속성은 1829년에 『생시몽 독트린의 진술』에서[2] 이미 언급했었다. 마르크스의 독창성은 첫째, 그가 계급 투쟁을 정치 비판의 틀에서 사용한 점이고, 이를 통하여 탈신비화된 형태 하에서 정치가 무엇인지를 규정한 것이다. 마르크스는 『공산당 선언』

---

1. 알튀세르 「마침내, 마르크스주의의 위기가」, 『선언문, 포스트-혁명 사회에서의 권력과 대립』, 242-53쪽. 248쪽과 251쪽. 또한 라비카/벤쉬상의 『마르크스주의 비평 사전』에서 발리바르가 쓴 "계급"과 "계급 투쟁" 항목을 참조할 것.
2. 생시몽의 추종자들인 앙팡탱Barthélemy Prosper Enfantin과 바자르Saint-Amand Bazard가 1829년과 1830년에 출간한 책: 옮긴이.

에서 "모든 계급 투쟁은 하나의 정치 투쟁이다"(P 40)라고 말하며, 『철학의 빈곤』에서는 "정치권력은 바로 시민 사회의 적대 관계의 공식적 요약이다"(OI 136)라고 천명한다(정치 참조). 둘째, 마르크스는 계급의 적대 관계의 지양이 계급 투쟁 자체에 있다고 믿었으며, 하나의 자기 지양 이론을 제안했다는 점이다.[3]

과정 Procès / Prozess (**물신주의** 참조)

---

3. 푸코가 『사회를 보호해야 한다*Il faut défendre la société*』(Seuil/Gallimard, 1997)에서 지적한 것처럼, 16, 17세기부터 전쟁과 정치(담론)를 같은 시각으로 보는 전통이 생겨난다. 이 관점은 다음과 같은 기조를 갖는다. 1) 역사주의: 정치는 끝없는 투쟁의 역사이다. 2) 유물론: "그것은 가치들을 전복하는 담론이며 [⋯] 민중에 의한 설명을 요청하고, 불러내는 담론이다." 3) 사회에 대한 이분법적 이해. 4) 철학과 법률 담론에 대한 적대감. 마르크스의 정치적 담론은 이러한 전통의 연장선상에 있다. 그러나 푸코는 변증법적 철학은 이러한 사회-정치적 전쟁 담론과의 화해, 즉 이 담론에 대한 하나의 부정이라고 지적한다. 푸코가 부각시킨 마르크스는 생시몽의 영향 하에서 계급 투쟁을 지양하는 태도를 취한 것은 사실이다. 그러나 그것은 자기 지양이다. 마르크스는 사회-정치적 전쟁 담론에서 사회-정치적 갈등의 부정이라는 전통적 해석을 뛰어넘어 그 갈등으로부터의 "해방"을 지향한다.

과학 Science / Wissenschaft

* 마르크스는 과학을 참(진리)의 획득을 위한 역동적 과정으로 진술하며, 첫째, 철학과 비교해서 합리성의 우위, 둘째, 과학과 비판의 동일화를 허용하는 비판적·탈신비화적 잠재성이라는 두 가지 측면에서 과학을 찬양한다: 고전 경제학자들은 "과학적이며 비판적"이라고 언급될 것이다(TPIII 581).

** 마르크스의 인식론은 현실적, 합리주의적, 구성주의적이며, 복수적이다. 1) 현실적 인식론: 모든 과학의 속성은 본질을 포착하기 위해 가상假象을 극복하는 데 있다: "만일 가상과 본질을 혼동한다면, 모든 과학은 피상적일 것이다"(K, OII 1439). 2) 경험주의적이라기보다는 합리주의적인 인식론: 마르크스는 가설에 경험적 토대가 결핍되어 있을 때조차도 그 이론적 가치를 옹호한다(트레모Trémaux에 관한 논쟁을 담고 있는 1886년의 마르크스와 엥겔스의 서신 참조). 3) 구성주의적 인식론: 과학은 뉴턴 역학보다 독일의 **자연철학**에 더 가까운 모델에 따라 현상들을 총체성에 기입시키면서 현실을 재구성하는 것이다. 그 결과로 정치경제학 비판은 "과학이란 용어의 독일적인 의미"에서 "독일 과학의 승리"(C 12/11/58, 20/02/66)로 간주될 수 있어야 한다. 4) 복수적 인식론: 마르크스의 인식론은 복수적 동향으로서, 『경제학-철학 초고』에서는 철학과 모든 과학들의 융합을 주장하는 반면에, 『독일 이데올로기』에서는

"우리는 단 하나의 과학, 즉 역사학만을 알 뿐이다"(IA 14)라고 선언한다. 성숙기의 마르크스는 과학적 환원주의에 반대하는데, 이는 다윈 이론의 보편적 적용(C 27/06/70)과 정치경제학의 수학화 시도를 겨냥한 것이다(C 06/03/80).

*** 마르크스의 인식론에서 가장 미묘한 점은 과학의 이해와 이데올로기 이론의 절합에서 기인한다.[1] 『자연과학에 대한 서신』을 참고하면,[2] 우리는 이데올로기가 과학의 진보에 장애물인 동시에 모든 과학적 학문들에 들어 있는 절충안임을 알 수 있다: 예를 들면, 마르크스와 엥겔스는 다윈 이론이 이데올로기적 요소들로 가득 차 있으므로 그 이론은 조만간 사회적 다원주의인 과학적 이데올로기로 변형될 수 있을 것이라고 암시한다. 정치경제학사 분석은 이데올로기를 하나의 장애물이나 절충안뿐만 아니라 받침목으로 파악하면서 이로부터 진일보한다. 『자본』의 후기에 따르면, 바로 계급 투쟁 자체의 강화에 의해 전통적인 과학적 정치경제학은 먼저 순전히 옹호적인 "속류 정치경제학"으로 전환되고, 그 다음에 과학적 진보를 실현하는 "정치경제학 비판"으로 전환된다(K 10-3).

---

1. E. Renault, 「자연과학의 역사와 정치경제학의 역사」, 쿠벨라키스E. Kouvélakis, 『마르크스 2000』, PUF, 2000, 43-60쪽.
2. 마르크스/엥겔스, 『자연과학에 대한 서신Lettres sur les sciences de la nature』, ES, 1973.

교류(인간 상호 간의) Commerce (entre les hommes) / Verkehr (**생산 양식** 참조)

국가 État / Staat (**코뮌주의**와 **정치** 참조)

노동 Travail / Arbeit

* 마르크스는 자연을 "인간의 비유기적 신체"로 파악한다. "인간은 죽지 않으려면 자연의 신체와 항구적 과정을 유지하여야 한다"(OII 62). 이것이 바로 노동이 인간과 자연의 "물질대사"(K 48, 207)로, "자기 자신의 고유한 행동"(K 199)에 의해 이 물질대사를 "통제"하는 것으로 정의되는 이유이다. 노동을 통하여 인간은 자연에 대해 "자연적 힘"으로 행동하고, 자연을 자기 자신의 법칙에 따라서 변형하고, 외부의 자연 및 "수면에 취해 있는 잠재성"(K199-200)을 개발하면서 자기 자신의 자연을 변모시킨다. 노동은 자연적 대상들 안에서 구현되며, "인간의 욕망에 따라 자연적 요소들의 전유專有를 실현할 목적으로(K 207) "살아 있는 노동"을 "과거의 노동"으로 전환한다(K 206, 225, 348). 이 대상화 안에서 마르크스가 자신을 "처음으로 지적한 사람"이라고 말하는 노동의 이중적 측면이 드러난다: 한편으로 노동은 "사용 가치"의 생산자로서 "유용

노동" 또는 "구체적인 유용 노동"이며, 다른 한편으로 노동은 "생리학적인 의미에서 인간 노동력의 지출이며, [···] 이 동등한 인간 노동 또는 추상적 인간 노동이라는 속성으로 상품적 가치" 혹은 "상품-가치"를 "형성한다"(K 47-53).

** 마르크스는 노동을 "인간과 자연 상호 간의 물질대사의 일반적 조건, 인간 생활의 영속적인 자연적 조건"(K 207)으로 간주하지만, 동시에 그는 노동 비판의 저자이기도 하다. 『경제학-철학 초고』는 노동을 "소외된 행위"(Ms 152)로, "소외 내부의 행위의 표현"(Ms 199)으로 환원한다. 『독일 이데올로기』에서 마르크스가 코뮌주의는 "노동을 폐지해야 한다"(IA 64)라고 천명하는 것은 이러한 강경한 비판의 연장선상에 있다. 그런데 이 저술에는 이와 반대되는 테제도 있다. 개체성(개인)을 훼손시키는 것은 노동 자체가 아니라 노동에 결정적인 형태를 부과하는 사회적 관계들이다. 따라서 사회적 관계들의 변화가 노동을 자유의 긍정으로 전환시킬 것이다(IA 71-2). 『정치경제학 비판 요강』은 이 조건을 진술한다: 1) 노동의 사회적 내용이 보장되고, 2) 노동이 과학적 특질을 지니면서 동시에 일반적 노동이라는 전제하에서 물질적 생산 노동은 자유의 긍정이라는 성격을 지닐 것이다(Gr, OII 288).

　노동의 폐지인가, "해방된 노동"인가?(Gr, OII 303). 마르크스는 『자본』에서 이 문제를 다른 각도에서 접근한다. 노동은 더 이상 자기실현의 장소나 그 영향력이 제한되어야 하는 피할 수 없는 강제의 장소가 아니다. 여기에서 노동 시간의 축소를 위한 "육체노동의 일반화"(K, OI 1023)[1]라는 주장이 파생한다. 노동은 그럼에도 불구하고 개체성의 발전에 본질적이며 필요불가결한 토대로 남는다: "그 자체로서 목적인 노동력의 발전은 다른 세계에서 시작된다. 이 진정한 자유의 왕국은 다른 왕국에, 다른 토대에, 즉 필연성의 토대에 의거해서만 꽃필 수 있을 것이다"(K, OII 1448).

*** 마르크스가 노동에 대해 이처럼 주저하는 것은, 노동이 모순적인 두 인간학의 교차점에 있기 때문이다. 자연주의적 인간학의 핵심적 요소인 노동은 인간을 자연 자체의 주관화로 판단하게 하는 작동자이다: "노동하는 주체는 하나의 자연적 개인이며 자연적 현존을 갖고 있다. 그에게 있어 노동의 첫 번째 객관적 조건은 자연, 대지, 그의 비유기적 신체이다. 개인은 유기적 신체만이 아니다. 그는 주체로서 이러한 비유기적 자연이다"(Gr, OII 328); "생산적 생활"은 "생활을 창조하는 생활"이 아닌가?(Ms, OII 63).[2] 다른 한편으로, 인간적 현존 조건들의 생산으로(IA 15), 따라서 인간적 현존 자체의 생산으로 파악된(Ms 156, IA 26, 38) 노동은 인간적 현존 일반의 합리적 자

---

1. 이 테마를 다룬 "Manuel"은 독일어 텍스트로는 존재하지 않고(K 593), 마르크스 자신이 교정한 프랑스어 번역본으로만 있다.
2. 역사의 유물론적 이해와 셸링의 자연철학이 함께 어울려 있는 이러한 관점에 대해서는 슈미트A. Schmidt, 『마르크스의 자연 개념Le concept de nature chez Marx』, PUF, 1994, 109-30쪽을 참조할 것.

기 생산과 자연의 지양이라는 이상주의적 환상을 유지시킨
다: "코뮌주의는 […] 모든 준準자연적 전제들을 지금까지의 인
간들의 창조물로 의식적으로 간주하여 그 전제들에서 준자연
성이라는 옷을 벗기며, 그 전제들을 연합된 개인들의 힘에 종
속시킨다"(IA 65). 물론 역사적 발전은 그 자발적인, 거짓의 혹
은 준자연적인[3] 성격을 상실해도 자연적인 것으로 간주된다
(IA 55). 그러나 역사적 발전이 전체적으로 실천 이성에 종속
되어 있다면 무엇이 자연적인 것으로 남아 있을까?

모순 Contradiction / Widerspruch (**변증법** 참조)

민중의 아편 Opium du people / Opium des Volks (**비판** 참조)

---

3. 테시에르J. Texier, 「『독일 이데올로기』에서의 준자연성 개념」, *Actuel Marx*, 제
   9호, 1991, 97-122쪽.

변증법 Dialectique / Dialektik

*『자본』의 후기後記에서 마르크스는 두 가지 측면에서 헤겔과 입장을 달리하면서 변증법을 내세운다(K 7-18). 그는 먼저 "서술 방법"만이 변증법적이라고 강조한다. 변증법을 서술 방법으로 제한하는 것은 "탐구 방법"을 서술 방법보다 우위에 둠으로써 변증법을 수사학적 인공물로 환원하려는 데 그 의도가 있는 것이 아니다. 오히려 마르크스는 "중요한 현실적 운동"을 "설명하기" 위해 변증법에 의지한다. 그럼에도 불구하고 이러한 제한은 헤겔에 반하여 추상이 분석을 대신할 수 없고(MP, OI 74-8), 사유의 운동이 현실의 운동과 혼동되어서는 안 된다는 것(IE, P 470-1)과, 헤겔의 입장대로 방법은 연구되는 대상에 외적으로 강제될 수 없으며 "특정한 대상의 특정한 논리"에 따라야 한다는 점을 환기시킨다(MK 149). 다른 한편으로, 마르크스는 자신의 "합리주의적 지형地形" 안에서 변증법은 "비판적이며 혁명적"이어야 한다고 지적하는데, "왜냐하면 변증법은 현존하는 사물의 상태를 긍정적으로 이해함과 동시에 그것에 대한 부정적 이해를 포함하기 때문이다." 반면에 헤겔에게 있어 변증법은 "현존하는 사물의 상태를 찬양하려는 것"으로 보이는데, 왜냐하면 그는 부정적인 것을 긍정적인 것의 운동으로 이해하며, 이들의 화해의 운동에서 모순을 포착하고자 하기 때문이다. 『크로이츠나흐 초고』의 용어를 빌리자면, 헤겔은 "현실적 대립물들"을 "현실적 극단들"로 생각

하지 않는다: "[헤겔은] 뚜렷한 현실적 대립물, 즉 투쟁 결의를 위한 각 대립자의 점화 및 각 대립자의 자기 인식 외에 다른 것이 될 수 없는 각 대립물의 현실적 극단의 형성을 가능한 회피해야 하는 것 혹은 해로운 것으로 생각한다"(MK 146).

** 마르크스는 자신의 작업을 하나의 "갈등" 이론(MK 36-7; MC, P 410), 그가 살았던 당대 사회의 "모순" 이론(Ms 140, SF 45-8, Th 4, IA 59-60)으로 규정한다. 자본주의적 생산 양식의 모순에 대한 분석 없이 그 특수성이 이해될 수 없으며, 바로 이러한 모순의 이해로부터 자본주의의 사멸적 성격과 구세계에 대항한 혁명적 투쟁 가능성이 인식된다(K 854-7). 동일한 맥락에서, 마르크스는 자신의 반대자들이 현실 세계를 연구하면서 모순에 이론적 지위를 부여하지 않으며(TPII 597), 혹은 모순을 적합한 방법으로 이해하지 못한다고 비판한다(『철학의 빈곤』에서 변증법적 비판의 부정적·긍정적 측면을 참고하라, OI 80-2).

　우리는 일반적으로 마르크스 사상이 역사적 현실을 모순과 총체성이라는 이중적 관점으로 이해한다는 점에서 근본적으로 변증법적이라고 생각한다.[1] 그의 저술에서 모순과 부정적인 것의 여러 형태들에 대한 수많은 언급과 총체성의 사유 필요성에 대한 준거들을 찾는 것은 어렵지 않으나(IE, P 471), 변증법에 대한 긍정적이고 명백한 입장을 천명하는 구절들은 드

---

1. 루카치, 「정통 마르크스주의는 무엇인가?」, 『역사와 계급의식』, Minuit, 1960, 17-45쪽 참조.

물다.『정치경제학 비판 요강』을 쓸 당시, 마르크스는 헤겔의
『논리학』을 재독하면서 자신의 변증법을 정치경제학 비판의
근본적 요소로 간주하며, 더 나아가 헤겔 변증법 비판에 대한
저술을 계획할 정도로 강력한 영향을 받는다: "언젠가 이런
작업을 할 수 있는 시간이 있다면, 양식 있는 사람들이 쉽게
읽을 수 있도록, 헤겔이 발견하고 동시에 신비화한 이 방법론
의 합리적인 토대를 두세 가지의 격문으로 인쇄하고 싶습니
다"(C 14/01/58). 그런데『정치경제학 비판 요강』에서『자본』
에 이르기까지 마르크스가 행한 정치경제학 비판의 여러 해석
을 분석하면, 헤겔로부터 계승한 변증법의 도식은 결정적인
역할을 하지 않는다.[2] 따라서 마르크스의 사유를 변증법적이
라고 부른다면, 그것은 아주 일반적인 의미에서이다.

***『자본』의 후기에서 마르크스는 변증법을 "전복顚覆,"하나
의 "합리적 핵核"의 추출이라는 자신만의 고유한 의미로 사용
한다: "변증법이 처음부터 헤겔의 수중에서 신비화되기는 하
였지만, 변증법의 일반적 운동 형태를 처음으로 포괄적으로,
또 의식적으로 서술한 사람은 헤겔이다. 헤겔에게 있어서 변
증법은 거꾸로 서 있다. 신비화된 껍질 속에 있는 합리적 핵을
찾아내기 위해서는 그것이 바로 세워져야 한다." 이 은유는
그가 1868년의 서신에서 사용한 문장과 유사하다: "나의 설명

---

2. 비데J. Bidet, 『"자본"으로 무엇을 할 것인가?』, 149-70쪽 참조.

방법은 헤겔의 방법이 아닙니다. 나는 유물론자이고, 헤겔은 관념론자입니다. 헤겔의 변증법은 거기에서 신비로운 형태를 제거한 후에야 비로소 모든 변증법의 근본적 형태가 될 수 있을 것입니다"(C 06/03/68). 마르크스의 변증법은 헤겔 변증법에 대한 유물론적 해석에 불과할까?[3] 엥겔스는 헤겔의 저술에서 일정 수의 "변증법적 법칙들"을 찾아 그것을 물질의 법칙들로 해석하면서 "유물론적 변증법"을 정식화하는 『자연 변증법』에서 헤겔 변증법을 유물론적으로 해석하고 있다.[4] 『자본』 역시 "변증법적 방법"을 "경험적 과학, 즉 정치경제학의 사례들"에 "적용"[5]한 것으로 해석될 수 있을 것이다. 마르크스도 엥겔스에게 보낸 서신에서 이러한 관점을 처음부터 배제하지 않았다: "[라살레Lassale는] 정치경제학을 헤겔식으로 설명하려고 하네. 그러나 비판을 통하여 정치경제학을 변증법적으로 설명하는 수준으로 과학에 귀결시키는 것과 추상적인 논리적 체계에 적용시키는 것이 아주 다르다는 것을 확인한다면, 그가 고통스러워 하지 않겠는가?"(C 01/02/58).

---

3. 알튀세르,「마르크스와 헤겔의 관계에 대해서」, 『동트, 헤겔과 현대적 사유 D'Hondt, Hegel et la pensée moderne』, PUF, 85-111쪽. 뒤메질G. Dumensil, 『"자본"의 경제법칙 개념Le concept de loi économique dans "Le Capital"』의 서문, Maspéro, 1978, 7-33쪽 참조.
4. 엥겔스, 『자연 변증법』, ES, 1952, 69-74쪽.
5. 같은 책, 53쪽.

비판 Critique / Kritik

* 마르크스는 헤겔 법철학 비판, 종교 비판, 정치학 비판, 철학 비판, 베를린의 청년 헤겔주의자들의 "비판을 위한 비판"에 대한 비판, 사회주의의 다양한 형태들에 대한 비판, 그리고 정치경제학 비판 등을 전개한다. 그는 "무기의 비판"과 "비판의 무기"(IH, P 99) 그리고 "실천적·비판적 활동"(Th 1)과 "실천의 개념적 파악"(Th 8)을 결합하고, 사회를 "이론적으로나 실천적으로 폐지하려고"(Th 4) 시도한다. 이러한 여러 테제들에서 비판의 범주는 이론가로서 그가 해결하고자 하는 근본적인 문제를 공식화하는 것, 즉 '혁명적 실천에 적합한 하나의 이론적 형태를 제시하는 것'이라는 사실이 잘 드러난다.

** 1843년 이전에 출간된 저술들을 제외하면,[1] 우리는 그의 비판을 두 가지 모델, 즉 a) 시대의 "자기 이해"를 제시하는 "비판 철학" 모델과 b) 정치경제학 비판 모델로 구분할 수 있다.

  a) 1843년에 마르크스는 "비판을 […] 정치 참여, 따라서 현실적 투쟁과 결합하고, 이러한 투쟁과 우리를 동일시하는 것"이(P 45) 관건이라고 진술한다. 이 비판의 목표는 종교, 정치와 철학이 모두 적용되는 "의식 개혁"으로 이해된다. 사실상,

1. 보다 자세한 연대기는 르노E, Renault의 『마르크스와 비판 개념』, PUF, 1995; 그리고 「마르크스의 비판 양태」, *Revue Philosophie*, 제2호, 1999, 181-98쪽을 참조할 것.

이러한 의식의 여러 형태들은 사태의 "이상적 보충"(IH, P 98)
으로, 그리고 동시에 의식에 의문을 제기하는 엄격한 요구로
파악된다.[2] 이것이 다음의 테제들이 의미하는 바이다: 종교는
"민중의 아편이다"(P 90), "철학의 현실화 없이 철학을 지양할
수 없다"(P 97), "진정한 민주주의 하에서 정치적 국가는 와해
될 것이다"(MK 70). 비판 작업은 의식에서 유토피아적 잠재성
을 추출하기 위해 "탈마법화"(P 90)와 "탈신비화"(P 46)를 겨냥
하는 의식의 해명解明이며, 그리고 세상과 (하나의) 새로운 실
천적 관계를 갖게 한다: "세계는 오래전부터 사태eine Sache에
관한 꿈을 가져왔는데, 세계가 그것을 현실적으로 가지려면
그것에 대한 의식을 갖기만 하면 된다는 것을 우리는 그때서
야 비로소 알게 될 것이다"(P 46).

  b) 정치경제학 비판에서 비판의 준거는 더 이상 사회에 대
한 이론적 비판이나 사회의 경제적 토대에 대한 과학적 이론
을 산출해야 하는 필연성으로 설명될 수 없다. 비판은 대체 이
론의 관점에서의 정치경제학에 대한 논박이 아니라 고전 정치
경제학의 비판적 분석을 통한 하나의 과학적 이론의 구상을
의미한다: "이 작업과 관련된 문제는 […] 경제적 범주들의 비
판[…], 비판적 형태 하에 놓인 부르주아 경제 체제이다"(C 22/
08/58).[3] 왜 과학적 이론이 여기에서 비판의 형태를 취해야 하

---

2. 헤스는 『행동 철학』에서 "국가와 교회에서 통일된 사회생활을 예측"한다. 마르
  크스는 이 원칙을 『경제학–철학 초고』에서 적용한다(Ms 164).
3. 정치경제학 비판의 지위에 대해서는 르노E. Renault, 「마르크스와 정치경제학

는가? 왜냐하면, 한편으로 과학은 경제적 현실이 만든 환상들이 경제적 동인動因의 실행을 조건짓는다는 점에서 현실을 구성하는 이 환상들을 분석해야 하기 때문이다.[4] 이 환상들은 고전적 학문들의 이론화 작업의 한계를 드러낸다(물신주의 참조). 따라서 이론화 작업은 비판과 불가분의 관계를 갖는다. 다른 한편으로, 고전 정치경제학의 경우에서 알 수 있듯이, 학문(과학)은 항상 이데올로기로 가득 차 있어서 어떠한 담론도 교조적으로 진리라고 천명할 수 없다. 따라서 역사와 정치에 연루된 인간의 고유한 관계에 대한 문제를 해결함으로써 우리는 진리를 말할 수 있을 뿐이다(이데올로기 참조). 마르크스는 『자본』의 후기에서 이 문제를 해결하려고 한다. 그는 프롤레타리아트적 관점의 도입만이 고전 경제학자들이 해결하지 못한 이 환상들을 와해시킬 수 있다고 진술한다. 그렇다고 해서 그것만이 진리의 충분조건이라는 것은 아니다. 요약하면, 정치경제학의 진보는 하나의 비판 형태, 즉 정치경제학의 비판 형태 하에서만 실현될 수 있다.

*** 마르크스가 자신의 이론을 비판의 후견 하에 놓는 것은 이 이론의 정치적 중요성을 증언하고, 또한 교조주의를 거부하면서(MK 149, P 45), 명확한 한계가 지어진 상황에서 자신의 이

비판」, *Actuel Marx*, 제27호, 153-66쪽을 참조할 것.

4. 잉여 가치, 그러므로 자본을 겨냥한, 특히 "상품 물신"과 "화폐 물신"의 발생을 설명할 수 있는, 교환에 있어 동인을 이끄는 환상들: 옮긴이.

론을 대입하라는 의미를 담지하고 있다. 그러나 그가 천명하는 진리는 다른 이론들,[5] 고유한 역사적 사건들, 전제들로 가득 찬 진리들(IA 19-21)과 우연성에 종속된, 논쟁의 여지가 많은 진리이다. 그래서 마르크스는『공산당 선언』의 독일어본 재판과 러시아어 번역본의 서문에서 자신의 논지는 일시적인 진리일 뿐이며, 어떤 경우에도 최종적인 진리는 아니라고 밝히고 있다.

상품 물신주의 Fétichisme de la marchandise / Warenfetischismus

* 마르크스는 교환 안에서 "생산자들의 상호 관계는 노동 생산물 사이의 사회적 관계라는 형태를 취한다"(K 81)는 사실로 자본주의적 생산 양식에 고유한 불투명성을 설명한다. 사회적으로 필요한 노동의 양으로서의 가치가 하나의 규정된 사회적 관계를 표현하는 데 반하여(가치 참조), 가치의 현상 형태인 교환 가치는 가치를 사물들이 "자연적으로" 지니고 있을 것이라고 믿는 하나의 질質로서 나타내는 경향을 갖는다. 따라서 교환을 주재하는 관계는 생산자들과 독립적인 관계들로 나타난다. 노동의 사회적 성격이 이러한 관계의 원인임에도 불구하고, 생산자들은 이러한 관계들에 의존해야만 노동이 사회

---

5. 로로P. Loraux,『마르크스의 서류첩. 정치 출판물 비판 개론』, Hachette, 1986 참조.

적 성격을 획득한다고 믿는다(K 83).

** 물신주의의 분석은 두 가지 목표를 갖는다. 첫째, 이 분석은 경제적 현상의 주관적인 모습에 대한 이론 —"교환에 있어 동인動因을 이끄는 환상들"— 을 제시한다. 이 이론은 "상품 물신"과 "화폐 물신"의 발생을 진술하는데, 이 발생은 자본주의적 생산 과정에서 가치가 사용 가치뿐만 아니라 가치 자체로서 추구될 수 있음을 설명한다. 여기에서 하나의 순환적 현상이 존재하게 된다. 왜냐하면 잉여 가치의 생산을 위한 생산(A-M-A')[1]과 이 생산이 상정하는 상품 형태의 일반화만이 물신주의를 가능하게 하기 때문이다(K 84). 우리가 마르크스를 따라 사물에 내재한 가치의 존재에 대한 물신적인 믿음이 상품을 구성한다는 사실에 동의한다면 —"이 착각을 통하여 노동 생산물은 상품이 되고, 초감성적인 존재가 된다"(K 83) —, 우리는 상품 형태, 물신주의, 자본이 제각기 서로를 전제하고 있다고 말할 수 있다(ChI 75-82). 이 세 요소는 "자본의 생산 과정"(『자본』의 부제) 분석을 목표로 하는 『자본』 I권에서 뚜렷이 드러난다. 여기에서 과정은 "발전의 실제적 조건들의 총체 안에서 고려된 하나의 발전"(K 200n)을 지칭한다.

둘째, 물신주의의 분석은 정치경제학이 설명해 내지 못한 환상들을 설명한다. 정치경제학은 노동 가치 이론을 제시하

---

1. A(Argent: 화폐), M(Marchandise: 상품), A' = 최초로 투하된 화폐액 + 어떤 증가분(잉여 가치): 옮긴이.

면서 "속류적 경제"가 만족하고 있는 가상의 문제를 해결하려 고 시도한다. 그렇지만 정치경제학은 노동과 가치의 현상 형 태들의 관계가 낳는 문제를 해결하지 못한다(K 54, 92-3n). 이 처럼 정치경제학의 가치 이론은 "노동의 사회적 성격의 객관 적 표현"(K 94)을 재생산하고, 결과적으로 경제 법칙을 "자연 필연성"(K 93)으로 전환시키는 경향을 갖는다.

『자본』에 전개된 물신주의 분석을 그대로 따르면, 『독일 이 데올로기』에서 제시된 이데올로기의 개념과 비교해서 두 가 지의 위치 변동이 일어난다. 이 두 경우 모두는 실천에 대한 몇몇 환상들 — 마르크스는 종종 이를 "실천적 환상"(MK 91, 104), 혹은 "현실적 환상"(MK 151)이라고 말한다 — 의 효과를 설명하고 있다. 여기에서 환상들은 외부에서 실제 생활을 지 배하는 관념성이 아니라, 경제적 상호 작용에 전적으로 내재 된 표상들이다. 이 환상들은 경제적 상호 작용의 조건들이자 동시에 생산물이다: "이 환상들이야말로 역사적으로 규정된 사회적 생산 양식의 생산관계들에 대한, 사회적으로 통용되 고 객관성을 지닌 사유 형태들이다"(K 87).

*** 물신주의 이론은 다양한 형태를 취하면서 철학과 사회학 으로 확장되고 발전된다. 루카치의 관점에 따르면, 우리는 마 르크스가 물신주의 이론에서 하나의 "사물화事物化"이론, 즉 인간의 행동을 포함해서 모든 것을 사물화된chosale[2] 대상성으 로 화석화시키는 자본주의 경향을 제안한다고 생각할 수 있

다. 이와 반대로, 우리는 마르크스가 "객관성의 사회적 세계의 당사자(그리고 상대방)"[3]로서 주관성의 발생을 제시하면서 구조주의에 하나의 길을 열었다고 생각할 수 있다. 마지막으로, 물신주의 분석이 낳는 『자본』의 가장 일반적인 사회학적 결론 중의 하나를 언급하자: 세계의 자본주의적 합리화는, 베버가 주장하는 것처럼, 탈마법적인 세계가 아닌 상품 "환영幻影"(K 91)으로 채워진 세계를 낳는다.[4]

생산 Production / Producktion

* 마르크스는 "일반적 생산"과 규정된 "생산 양식"의 틀 내에서 생산을 구분한다. "노동 과정"은 자기 자신의 노동과 생산 도구들의 힘을 사용하면서 "인간과 자연 사이에 발생하는 한 과정, 인간이 자기 자신의 행위를 통하여 인간과 자연 사이의 물질대사를 매개하고 규제하며 통제하는 하나의 과정이다"(K 198). "일반적으로" 고찰하면, 생산은 하나의 "사회적 신체," "어느 정도 크고, 어느 정도 내용이 풍부한 생산 영역들의 총체에서 자신의 활동을 행하는 사회적 주체"의 행위로서 "노동

---

2. 루카치, 『역사와 계급의식』, 110-41쪽.

3. 발리바르E. Balibar, 『마르크스의 철학*La philosophie de Marx*』, La Découverte, 1993, 66쪽.

4. '환영'에 대한 분석은 벤야민의 『파리, 19세기의 수도*Paris, Capitale du XIXe siècle*』(Cerf, 1989)를 참조할 것.

과정"(IE, P 449)이다. 그러나 생산 과정은 항상 규정된 생산 양식에 고유한 사회적 관계들에 의해 규정되기 때문에(P 448) "일반적 생산은 하나의 추상물이다."

**『경제학-철학 초고』에서는, 인간과 자연 사이의 물질대사라는 생산의 이해가 인간의 생산 활동을 자연 생산성의 완성으로 간주하는 생산의 형이상학 형태를 띤다: "자연적인 모든 것이 생성될 수밖에 없듯이"(Ms 172), "산업은 인간에 대한 자연의 역사적 관계이며, 따라서 자연과학의 현실적인 역사적 관계이다"(Ms 153). 이 형이상학은 인간학 ― "인간은 인간을 생산한다. 인간은 자기 자신과 다른 사람을 생산한다"(Ms 145) ― 과 역사 철학 ― "우리가 보편적 역사라고 명명하는 것은 인간 노동에 의한 인간의 생성, 인간을 위한 자연의 생성과 다름이 없다"(Ms 156) ― 의 관점에 조응한다. 여기에서 생산은 생산적 노동produzieren과 생성, 생산 혹은 산출erzeugen을 동시에 뜻한다. 『독일 이데올로기』에서부터 생산의 우위성은 상층보다는 하층의 관점을 우선시하는 유물론적 방법론을 규정하면서 이러한 형이상학적 함의를 상실한다.

『독일 이데올로기』에서 진술하는 생산의 우위성은 관념론적 역사 철학과 역사의 유물론적 이해를 대립시킨다(IA 30-40). 이는 인간이 자연과의 상호 작용 안에서 유지하는 관계가 인간 현존의 여러 양상들을 규정하기 때문에 모든 것은 생산으로부터 출발해야 한다는 것을 뜻한다(IA 15-9). 이렇게 생산은 최후의 토대가 아니라 명료성intelligibilité의 원리를 제시한다(IA 38-9). 생산의 관점은 또한 정치경제학 비판에서 근본적인 역할을 한다. 정치경제학의 환상은 상업적 가치가 유통의 영역에 나타날 때, 이 가치가 취하는 형태가 만드는 상품 물신주의로부터 기인한다. 이러한 환상을 파괴하기 위해서는 가치 형성에 대한 분석의 경로를 생산의 영역으로 바꾸기만 하면 된다: "노동력의 소비 과정은 동시에 상품과 잉여 가치의 생산 과정이며," 이것은 "시장 혹은 유통 영역 밖에서 행해진다. 그러면 우리도 이 시끄럽고, 모든 면에서 접근이 가능한 유통 영역을 떠난다"(K 197). 『경제학-철학 초고』는 이미 이 점을 지적했다: "생산이 부유한 사람들에게 갖는 의미는 그것이 가난한 사람들에게 갖는 의미에서 밝게 드러난다. 위에서 보면 그 표현은 세련되고 은밀하고 모호하다. 따라서 가상이다. 그러나 아래에서 보면 그 표현은 조잡하고 직설적이고 숨김이 없다. 따라서 본질이다"(Ms 192-3).

*** 사회생활을 생산이라는 단 하나의 논리로 환원하고, 상호작용의 소통적 차원을 평가절하했다고 마르크스를 책망해야 하는가?[1] 이러한 책망은 의심할 것 없이 생산의 형이상학을 전개한 『경제학-철학 초고』에 해당될 수 있다. 그러나 생산 행위가 언제나 인간들 간의 다양한 교류 형태에 의해 조건지

---

1. 하버마스, 『인식과 관심』, Gallimard, 1978, 제2장.

어진다는 사실을 강조하고 있는 『독일 이데올로기』에도 이러한 비판이 가능할까?

생산관계 Rapport de production / Produktionsverhältnisse (**생산 양식** 참조)

생산력 Forces productives / Produktivkräfte (**생산 양식** 참조)

생산 양식 Mode de production / Produktionsweise

* 역사 철학은 역사를 시대의 연속으로 보는 반면에, 마르크스는 역사의 생성을 "생산 양식"의 연속으로 제시한다. 역사의 유물론적 이해에 있어 중심을 이루는 이 개념은 다양한 사회적 형성들의 경제적 "토대"를 진술하는 데 그 기능이 있다. 『공산당 선언』과 「정치경제학 비판 서문」에 따르면, 각각의 생산 양식은 규정된 "생산력"과 "생산관계"의 발전 수준의 "상응-Entsprechung"(AP, P 405, 488)에 의해 특징지어진다. "생산력" — 이 개념은 스미스와 리카도의 "노동의 생산력productive powers of labour"에서 유래한다 — 은 "사회적 노동"(P 405)의 "생산력" 또는 "사회적 생산력"(P 489), 즉 "노동력"과 "생산

수단들"(K 45)로 파악해야 하며, "생산관계"는 생산 과정을 결정짓는 사회적 관계의 "총체"로 이해해야 한다.

**『경제학-철학 초고』와 『독일 이데올로기』에서, "생산 양식" 개념은 먼저 특정한 시대에 통용되는 "생활양식"(IA 15)을 지칭한다. 마르크스는 이 시대를 사는 인간은 자신의 유물론적·관념적 실존의 여러 모습들을 산출한다는 것을 강조한다: "종교, 가족, 국가, 법, 도덕, 과학, 예술 등은 생산의 특수한 양식들일 뿐이다"(Ms 145). 따라서 생활양식과 생산 양식을 동일한 것으로 볼 수 있다. 『독일 이데올로기』는 "생산 양식"이 곧 사회적 형성의 토대라고 말하지 않지만, 이 개념을 구성하는 대부분의 요소들을 특징짓는다고 본다. 이 저술은 사실상 생산 양식을 "생산력"과 "사회적 관계"가 유지시키는 규정된 관계로 정의한다. 여기에서 사회적 관계는 개인들이 보존하는 사회적, 이념적 관계들 전반(IA 15-6, 19, C 28/12/46)을 포함하는 "교류Verkehr"를 지칭한다. 이 저술에서 마르크스는 사회적 관계가 결국 그 안에서 발전하는 생산력에 방해물이 된다는 것과 종국에는 생산력과 사회적 관계의 모순으로부터 사회 전복과 새로운 생산 양식이 출현한다는 것을 지적한다. 물론 이 저술에서 이 모순은 생산력과 "교류 형태"(IA 59-60)의 모순으로만 해석되지만, 그럼에도 불구하고 이 분석은 소유 관계, 즉 생산의 이러한 사회적 관계가 결정적인 역할을 한다고 강조하고 있다(IA 16-9). 「정치경제학 비판 서문」에서

는, "상응"의 논점을 통합하면서 "생산 양식"을 "토대"에 배
타적으로 대입하며, 인간 상호 간의 교류를 생산관계로 전환
시킨다. 그런데 상응은 아주 결정적인 역할을 하는데, 왜냐하
면 상응은 이 조건들 하에서 과거의 생산 양식이 더 이상 유효
하지 않는 조건들과 이를 승계하는 새로운 생산 양식을 허용
하는 조건들을 동시에 지칭하기 때문이다.

　우리는 상응의 문제가 역사의 유물론적 이해에 있어서 불투
명한 요인들 중 하나라는 것을 알 수 있다. 만일 생산력과 생
산의 사회적 관계 사이에 언제나 연결점이 있다고 한다면, 그
이유는 우선 생산이 항상 사회적 성격을 지녀서, 언제나 규정
된 사회적 관계 아래로 포섭되기 때문이다(IA 19). 상응의 논
점은 어떤 주어진 수준에서 생산력의 발전이 이 생산력의 보
충적인 발전과 양립할 수 있는 생산의 사회적 관계만이 가능
하다는 것을 부연한다. 이 양립성은 무엇으로 이루어지는가?
생산력은 그 자체로 자신의 발전 형태를 만드는가? 그와 반대
로 사회적 형태로서 사회적 관계가 외부로부터 생산력에 어떤
형식을 강제하는 것일까? 이 질문에 대한 답변은 마르크스의
저서에 따라 다르다. 생산의 사회적 관계와 생산력은 때로는
서로 관계된 것처럼 보인다: "[생산은] 개인들의 상호 교류를
전제로 한다. 이 교류의 형태는 다시 생산에 따라 규정된다"
(IA 15-6). 때로는, 생산관계는 생산력의 발전 단계와 생산 수
단들의 성격에서 유래하는 것처럼 보이기도 한다: "사회적 관
계들은 생산력과 밀접한 관계를 갖는다. 새로운 생산력을 취

득하면서, 인간은 생산 양식을 바꾸며, 그리고 생산 양식, 즉 일하는 방식을 바꾸면서, 인간은 사회적 관계들을 바꾼다. 맷돌은 봉건 군주의 사회를, 증기제분기는 산업 자본주의 사회를 가져온다"(MP, OI 79). 이와 반대로 실제적인 포섭 이론(포섭 참조)은 형식이 무형의 질료에 적용되는 것처럼 생산관계가 생산력에 적용된다고 간주한다. 마르크스는 다른 저서에서 기술이 생산의 사회적 관계와 독립적임을 고찰한다(OII 298-300). 만일 코뮌주의가 새로운 사회적 관계의 틀에서 생산력의 자본주의적 발전을 보존하려고 원했다면, 이러한 사실을 전제해야 했다.

*** 생산의 관점에 입각하여 역사를 해석하는 목적은 유물론적 해석을 역사 철학의 관념론과 대립시키는 데 있다(IA 38-40). 그럼에도 불구하고 우리는 마르크스의 저술에서 생산 양식의 연속 이론이 역사 철학 비판에 비해서 뚜렷하게 드러나지 않는 점에 의문을 갖는다. 그는 『신성가족』에서 역사의 진보의 이념에 대해 신랄하게 비판한다: "'진보'라는 주장에도 불구하고 우리는 끊임없는 '퇴행'과 '순환적 회귀'를 목격한다. […] 진보의 범주는 완전하게 비어 있고 추상적이다"(SF 106). 계급 투쟁의 영속永續으로서 역사의 표상을 이러한 비판에 부응하는 것으로 판단할 수 있다면,[1] 그것은 이 표상에 의

---

1. 벤야민, 「역사 개념에 대해」, 『프랑스어 논평집 Ecrits françaises』, Gallimard, 1991, 33-356쪽. 라울레 G. Raulet, 『발터 벤야민 Walter Benjamin』, Ellipses, 2000, 59쪽.

해 역사가 항상 같은 "인습"(IA 33) 안으로 다시 빠지기 때문이다. 그런데 생산력의 지속적인 진보의 테제에 입각한 생산력과 생산관계의 변증법의 개념은 이 비판과 상충한다. 또한 이 이론은『독일 이데올로기』에서 전개한 보편적 역사 개념의 비판과 비교해서 후퇴하고 있는 것은 아닌지 의심스럽다(IA 33-41). 생산력과 생산관계의 모순을 궁극적으로 극복해야 하는 생산력의 발전에 의해 결정되는 생산 양식의 연속 이론은 새로운 역사 철학, "의미" 이론, 역사 "종말" 이론에로 이르지 않는가? 우리는 마르크스 자신이 1859년의「정치경제학 비판 서문」에서 서술한 것과는 다른 질서를 따르면서 생산 양식이 아주 잘 연속될 수 있다는 점을 강조하고, 이러한 해석을 배제했다는 것을 알고 있다(1881년 3월 8일, 마르크스가 베라 자술리치에게 보낸 서신). 결국, 훗날 엥겔스가 말하는 것처럼, 이 저술은 공리적인 원칙이 아니라 방법론적인 방향을 정의하고 있다: "우리에게 있어 역사의 이해는 무엇보다도 연구를 위한 하나의 강령이다"(C 05/08/90).

소외 Aliénation / Entfremdung, Entäusserung, Veräusserung

* 헤겔의 외화Entäusserung[1]와 소외Entfremdung 개념은 각각 대상
화를 동반하는 또 다른 생성과 환원 불가능한 타자성으로 인
해 자기에게 낯선 생성을 의미한다. 그런데 마르크스는, 다음
의 정의에서 알 수 있듯이, 이 개념들이 갖는 그러한 뉘앙스를
무시해버린다: "소외는 외화의 실천이다. [⋯] 종교적 편견에
젖은 인간은 자기를 하나의 낯선 존재로 만듦으로써 자신의
존재를 대상화할 수 있을 뿐이다"(QJ, P 87). 그렇지만 마르크
스는 헤겔의 외화 개념을 자기실현과 자기정복에 불가피한 운
동으로 보존한다(IH, P 107-8)(Ms 78, 149, 165, 178).

   소외 개념에 대한 마르크스의 독특한 이해는 전도顛倒된 의
식으로 종교를 해석하는 포이어바흐로부터 결정적인 영향을
받는다: 인간은 자신을 규정하는 무한한 술어들prédicats(무한한
인식, 무한한 의지, 무한한 사랑)을 소유하기에는 자신이 너무나
유한하다고 믿으면서, 이 술어들을 자신과 다른 존재에게 부
여하고 스스로를 이 존재의 단순한 피조물로 생각한다. 『경제
학-철학 초고』에서 마르크스가 사용하는 소외 개념은 바로 피
조물에 대한 조물주의 박탈과 지배라는 이중적 의미를 갖는
다: "노동이 생산하는 대상, 그것의 생산물은 낯선 존재로서,

---

1. 통상적으로 외화로 번역되나, 프랑스어에서는 남의 재물이나 권리, 자격 따위
   를 빼앗는 의미를 갖는 단어인 'dessasissement'을 사용하는데, 박탈의 의미가
   확연히 드러난다: 옮긴이.

생산자와 독립된 힘으로 그의 앞에서 몸을 일으켜 세운다[…]: 이러한 노동의 실현은 노동자에게 있어 현실의 상실, 대상의 상실로서 대상화, 소외로서 전유專有, 외화로 나타난다"(Ms 109). 마르크스의 혁신적인 시각은 그가 종교적 소외를「헤겔 법철학 비판 서문」에서 정치적·사회적 소외로, 그리고『경제학-철학 초고』에서 철학적·경제적 소외로 대체한다는 데 있다. 소외는 더 이상 의식과 대상과의 관계가 아닌 하나의 실천적 관계를 나타낸다. 이로부터 소외를 "외화의 실천"으로 정의하는 것이 가능해진다.

** 마르크스의 사유가 발전함에 따라 소외 개념은 그 역할이 두드러지게 달라진다. 우리는 적어도 세 가지 변별적인 쟁점으로 이를 구분할 수 있다: a)『헤겔 국법론 비판』과『유태인 문제』, b)『경제학-철학 초고』, c) 정치경제학 비판에서의 소외 개념. 그런데 소외 개념은 처음 두 시기에만 결정적인 역할을 한다.

 a) 소외 개념에서 마르크스의 고유한 의미는 무엇보다도 1843년부터 전개되기 시작한 정치 비판과 밀접한 관계를 갖는다. 포이어바흐의 종교 비판이 여기에서 정치 비판으로 자리바꿈한다. 소외와 해방이라는 개념 쌍에 의해 결정되는 쟁점에서 마르크스가 행하는 정치 비판은 무엇보다도 프랑스 대혁명에 대한 비판이다. 마르크스는 "추상적으로" 남아 있는 정치적 해방의 불충분성을 부각시키려고 하는데, 왜냐하면

정치적 해방이 인간의 사회적 현존의 여러 측면들에 영향을 미치지 못하기 때문이다. 자유를 분리된 형태(국가)와 지배적 형태(법과 헌법의 지배) 하에서 대상화하는 것은 인간의 본질을 종교적으로 대상화하는 포이어바흐적 의미와 비교될 수 있다. 마르크스는 이 정치 비판에서 포이어바흐적 관점과 상충하기도 한다. 그는 프랑스 대혁명을 최초의 대중적 자유의 긍정이라는 점에서 결정적인 진보로 이해한다. 정치적 소외는 인간 현존의 근본적인 측면의 상실이 아니라 그 정복이며, "정치 해방"의 "인간 해방"으로의 전환을 통해 "완성되는" 해방의 첫 단계로서, 분리된 형태(국가) 하에서의 "자유의 정복"으로 파악된다(QJ, P 79).

b) 마르크스는『경제학-철학 초고』에서 소외와 전유라는 두 개념의 문제 틀에 입각하여 포이어바흐의 종교 비판을 경제 비판으로 대치한다. 마르크스는 소외된 노동이 인간의 본질적 힘(능력)을 박탈하고 이 힘을 독립적이고 지배적인 대상성(돈, 자본)으로 전환시켜버린다고 강하게 논박하면서, 코뮌주의의 지평을 이 본질적 힘의 재전유在專有로 정의한다: "인간적 자기 소외인 사유 재산의 긍정적인 폐지로서의 코뮌주의, 그것을 통해 인간에 의한 그리고 인간을 위한 인간 본질의 실질적인 전유로서의 코뮌주의"(Ms 144). 생산력으로부터의 소외는 상실과 빈곤으로 간주될 수 있는데, 그러나 이 주관적 빈곤은 소외가 불가피한 하나의 단계로 기능하는 발전을 가능하게 한다: "자기 자신에서 출발하는 인간 내부의 부를 산출할

수 있게 하기 위해서 인간은 절대적인 빈곤으로 환원되어야 할 것이다"(Ms 149).

　c)『독일 이데올로기』에서부터, 마르크스는 철학으로부터 "나오기" 위해 소외 개념을 희생시키는 대가를 치른다(IA 312).『공산당 선언』은 이 개념을 더 배격한다(MC, P 431). 그렇지만 소외 개념은 마르크스 사상의 핵심어로서의 기능을 상실함에도 불구하고, 여전히 정치경제학의 비판들, 특히 경제적 관계들의 가상 안에서 본질의 실질적 전도顚倒 과정을 진술하는 용도를 보존한다(TPIII 591).

*** 두 해석의 전통은 소외의 철학적 중요성을 반박하기 위한 의도에서 거의 사라져버린 이 개념에서 논점을 끌어낸다. 레닌주의적 마르크스주의는 소외를 착취 및 생산력과 생산관계의 모순에 종속시킴으로써 마르크스 사상에서 중요한 위치를 차지했던 소외의 역할을 상대적으로 축소한다.[2] 알튀세르파는 소외가 역사의 유물론적 이해를 위한 기본 테제들과 양립할 수 없는 인간 본질의 문제점과 부분적으로 관계가 있음을 강조한다.[3]『경제학-철학 초고』는 소외를 규정된 사회적 관계가 인간을 그 본질에 부합하지 않는 삶으로 이끄는 과정으로 파악한다. 그러나 마르크스의 소외 비판은 또한 인간의 본질

---

2. 부어/코징,『마르크스-레닌 철학 소사전』, "소외" 항목을 참조할 것.
3. 알튀세르,「마르크스주의와 휴머니즘」,『마르크스를 위하여 *Pour Marx*』, Maspéro, 1965.

과 관련된 모든 준거에서 벗어난 하나의 주제를 전개한다: 환원 불가능한 유한성 때문에 현존은 항상 자기가 의존하는 대상으로 자기를 외화시키고(Ms 155-7, 170-2), 따라서 자기와의 관계는 항상 외화로 매개되며, 어떤 조건 하에서 외화는 이러한 자기와의 관계에 다시 문제를 제기할 수 있다: "소외로서 전유"(Ms 109).

실천 Pratique / Praxis

*「포이어바흐에 관한 테제들」에서 중심을 이루는 이 개념은 "대상적 활동," "현실적이고 감성적인 활동" "감성적인 인간 활동"으로 파악되는 활동의 우위성을 지칭한다. 만일 독일 관념론의 공헌이 활동을 원칙의 대열로 끌어올린 것이라고 한다면, 그 결함은 활동을 "주관적인 방법"(Th 1)으로만 인지한다는 점이다. 따라서 문제는 활동의 우위성이라는 철학적 주제의 진로를 사회 이론의 영역으로 변경시키면서("모든 사회적 생활은 본질적으로 실천적이다," Th 8), 객관적 계기 ㅡ "사회적 관계들"에 의한 조건화(영향)(Th 6) ㅡ 와 주관적 계기 ㅡ "인간적 사회" 혹은 "사회적 인류"의 "인간적" 계기(Th 10) ㅡ 의 통일성을 진술하여야 한다는 데 있다. 이러한 통일성으로 파악된 실천은 "자기 변화," "환경의 변화와 인간 활동의 일치"이며(Th 3), 이것이 바로 "'혁명적,' '실천적-비판적' 활동"의

토대이다(Th 1).

** 실천은 완전하게 규정된 개념이라기보다는 1845년 이전에 마르크스가 청년 헤겔주의자들과 논쟁한 많은 주제들의 논점을 연결시켜 주는 하나의 조정자이다:

a) 철학의 현실화(폰 키에스코프스키, 헤스): 실천은 철학의 "현실화" 없이 철학을 "지양"할 수 없는 것과 같이 철학의 지양 없이 철학을 현실화할 수 없다는 테제에서 1843-44년 사이에 포착된 주제이다(IH, P 97-8).

b) 자기의식의 실현(부르노 바우어): 실천은 1843년에 "의식 개혁"의 기획에서 재공식화되는데, "과거의 사유들의 완성"으로 파악되는 주제이다. "인류는 [이 완성으로] 새로운 노동을 시작하는 것이 아니라 […] 과거의 노동을 자각하면서 실현한다"(P 46).

c) 이러한 현실화의 주제들은 『경제학-철학 초고』에서 중심을 이루는 "활동"의 문제와 접목되어야 한다. 이 저술에서 역사는 과정으로 이해되는데, 이 과정의 목적은 "유적類的 힘들"의 활동, 혹은 유를 규정하는 "본질적 힘들"의 활동이다(Ms 165, 170, 172).[1]

---

1. (프랑스어에서) 일반적으로 "Betätigung"를 "표명, 표시, 나타내기 /manifestation"로 번역하는데, 이것에는 행동Tat이나 활동Betätigung이 잘 드러나 있지 않다. 게다가 이 번역은 마르크스가 완전히 다른 맥락에서 사용하는 현상적인 "나타남Erscheinung"의 철학적 개념과 혼동되기도 한다(가치 참조). 마르크스에게 있어서 "활동"의 의미에 대해서는 "개인" 항도 참조할 것.

d)『신성가족』에서 역사에 대한 이러한 고찰은 역사적 행동의 분석 형태를 취한다: (유심론적이 아닌) 유물론적, 집단적, 혁명적 행동. 이것은 이 저술에서 "역사적 행동"이라고 명명되고, 곧 "혁명적 실천"이라고 지칭될 것의 특질들이다(Th 3).

마르크스는 "신비주의로 이끌어 가는 모든 신비들은 인간의 실천에서 그 합리적 해결책을 찾아낸다"(Th 8)라고 주장한다. 따라서 그는 사유 그 자체가 아니라, 스스로 자족적으로 여기며 실천적 제약을 인식하지 못하는 사유, "실천으로부터 고립된"(Th 2) 사유를 강력하게 비판한다. 결국, 소외된 세계는 실천적으로 뿐만 아니라 "이론적으로 그리고 실천적으로"(Th 4) 파괴되어야 한다. 실천이 이론의 진리라는 테제 역시 여러 주제들의 응축으로 이해되어야 한다. e) 마르크스가 "이론적 대립들은 실천적 방법으로만 해결될 수 있을 뿐이다"(Ms 152), 혹은 "대상적 진리가 인간의 사유에 들어오는가 그렇지 않는가의 문제는 이론의 문제가 아니라 실천의 문제이다"(Th 2)라고 말할 때, 그는 헤겔과 대립하여 철학적 사유가 아니라 오로지 행동만이 내부와 외부, 존재와 사유, 정신과 자연, 주체와 대상 등, 이 모든 것의 진정한 화해에 도달할 수 있다고 주장하는 폰 키에스코프스키를 따르고 있다.[2] f) 마르크스가 "진정한 실천"은 "현실적이고 긍정적인 이론의 조건"(Ms 193)이라고 천명할 때, 그는 헤겔 철학의 부정주의와 불모성을 신

---

2. 키에스코프스키A. von Cieszkowski,『역사지서설*Prolégomènes à l'historiosophie*』 (1838), Champs Libre, 1973.

랄하게 논박하는 셸링과 포이어바흐를 승계하고 있다. g) 마지막으로, 실천의 우위성은 루게에게[3] 영감을 받은 정치 철학으로부터 정치 행동으로의 필연적 이행에 관한 다음의 테제와 결합시켜야 한다: "법철학의 사변적인 비판은 비판 자체가 아니라 문제에 봉착한다. 이 문제는 오직 하나의 수단 — 실천 — 으로 해결될 수밖에 없다"(IH, P 99).

***「포이어바흐에 관한 테제들」은 실질적으로 실천에 대한 테제들이다. 제8테제는 철학을 "[인간의] 실천을 개념적으로 파악하는 행동"이라고 간접적으로 정의한다. 그런데 우리가 마르크스를 "실천 철학"의 창설자로 정당하게 간주하려면,[4] 이 테제들의 여러 가지 함의를 통일시키는 수단도 제시해야 한다. 관념적 생활은 "이러한 세속적 기초의 자기 분열과 자기모순으로부터만 설명될 수 있다"(Th 4)라는 확언은 역사적 실천을 사회 조직과 표상들의 토대로 설명하면서 그러한 통일성으로 향하는 신호를 보내고 있다. 그러나 정합적인 방법에 입각한 절합된 철학을 뛰어넘는 이 확언은 역사의 유물론적 이해를 위한 계획만을 정의하고 있다. 따라서 마르크스에게 있어서 이 계획의 실현이 생산과 계급 투쟁의 개념들을 부각

---

3. 메르시에르-호사S. Mercier-Josa, 『자유에 대한 독일적 이론과 프랑스적 실천 *Théorie allemande et pratique française de la liberté*』, L'Harmattan, 1993.
4. 그람시는 마르크스의 저술과 그 연장선상에 있는 저술들을 "실천 철학"으로 해석한다. 그람시, 『논평집 *Textes*』, 106쪽.

시키고 실천 개념의 희생을 동반했다는 사실은 놀라운 일이 아니다. 그렇지만 혁명적 실천은 생산이나 계급 투쟁, 그리고 이들의 결합만으로 환원되지 않는다: "실천"은 자신의 특수성의 명칭이며, "실천 철학"은 자신의 환원 불가능성을 자각하는 이론의 명칭일 것이다.

실천적 환상 Illusion pratique / praktische Illusion (**상품 물신주의** 참조)

역사 Histoire / Geschichte (**계급 투쟁**과 **생산 양식** 참조)

역사적 행동 Action historique / geschichtlishe Aktion

* 브루노 바우어의 저술에서 차용된 역사적 행동의 개념은 『신성가족』(1845)에 서술된 에드가와 브루노 바우어의 논쟁에서 여러 차례 등장한다(SF 48, 104, 109). 이 개념을 통해 마르크스가 강조하는 바는 역사를 만드는 것은 정신이 아니라 행동이며(SF 101-2, 108-9, 145), 또한 역사적 행동의 주체는 개인보다는 대중이라는 사실이다(SF 103-4). 역사 속의 혁명들을 관찰하면, 행동하는 집단은 대중이라는 것을 알 수 있다. 마르크스는 『신성가족』에서 프랑스 대혁명은 "역사에서 일어난

모든 위대한 '행동들'을 대표할 수 있다"고 지적하고(SF 104), 같은 맥락에서 『독일 이데올로기』에서는 "역사의 원동력은 비판이 아니라 혁명이다"라고 말한다(IA 39).「포이어바흐에 관한 테제들」에서 역사적 행동은 객관적·사회적·혁명적 행위라는 세 가지 특질로 파악되며, "혁명적 행위, 비판-실천"(테제 1), 또는 "혁명적 실천"(테제 3)으로 개칭된다.

** 역사적 행동에 대한 분석의 연장선상에서, 마르크스는『신성가족』에서 '이해利害'의 동력적인 역할에 주목한다: "'관념'은 '이해'와 동떨어져 있다는 점에서 언제나 애처롭게 실패했다"(SF 103). 마르크스가 말하는 이해는 그 자체가 욕망의 표현인데, 더 정확히 말하면 "그 자체로서 대중들의 만족의 최종적인 토대"인(IH, P 93) 본질적인 욕망이다. 욕망의 충족은 혁명적 행위에 동기를 부여한다(IA 285). 그러나 본질적 욕망이 역사에서 결정적인 역할을 한다면, 그것은 특히 역사가 대중들에게 야기하는 불만족과 퇴행이라는 부정적 체험을 통해서이다. "퇴행에 대한 반항"(SF 47), "극단적인 퇴행으로"(OI 524-5, 532-3) 이끄는 운동에 대한 "저항," 바로 이것이 혁명적 투쟁의 동기이다.

　역사적 행동에서 이해利害는 결정적인 역할을 하지만, 이와 함께 의식과 관념도 중요한 역할을 수행한다(SF 47). 여기에서 "세계가 스스로에 대해 만든 꿈에서 깨어나고"(P 46), "억압에 대한 의식적 자각을 억압에 부가함으로써 현실의 억압을 한층 더 억압적으로"(IH, P 93) 하기 위한 "의식 개혁"이라는 정치와 철학의 목표가 파생하고, "대중" 프롤레타리아트를 "자각적 계급"으로(MP, OI 133-5) 전환시키기 위한 노조나 정치 조직의 필요성이 생긴다. 그러나 투쟁에 적절한 의식을 제공하는 것은 저항 의식이라기보다는 혁명의 전개이다. 이런 의미에서 마르크스는 『신성가족』에서 "프랑스 대혁명은 구세계의 관념을 넘어선 관념들을 싹트게 했다"(SF 145)라고 말하고, 『독일 이데올로기』에서는 "코뮌주의 의식을 다량으로 생산하고 그리고 그 신조를 관철시키기 위해서는 오로지 광범위한 인간 변혁이 필요하다. 변혁은 하나의 실천적 운동, 즉 혁명 속에서만 이루어질 수 있다"(IA 37)고 강조한다.

*** 마르크스는 역사적 행동의 분석에서 도덕적 요소들과 당위 존재devoir être에 대한 준거들을 세심하게 피한다: "이런저런 프롤레타리아에게, 혹은 프롤레타리아트 전체에게 당장 무엇을 자신의 목표로 '삼아야 하는가'가 중요한 것은 아니다. 문제는 '프롤레타리아트란 무엇인가?' 그리고 그의 '존재'에 걸맞게 무엇을 수행하지 않으면 안 되는가를 인식하는 것이다. 프롤레타리아트의 목표와 역사적 행동은 오늘날 그 자신의 삶의 상황 속에서, 그리고 부르주아 사회의 전체 조직들 속에서 이미 확연하고 되돌릴 수 없는 결정적인 것으로 예견되어 왔다"(SF 48). 이렇게 당위 존재보다 존재에 우위성을 두는 마르크스의 태도는 반反유토피아(코뮌주의 참조)와 비도덕성의

문제를 제기한다.[1] "실천-비판 행위"는 욕망이 이 행위에 부여하는 것 이외에 어떤 "규범성"이나 "소명"을(IA 285) 갖고 있지 않다. 마르크스에게 이론적 비판이 실천적 비판을 보완한다고 한다면, 이는 역사적 행동의 "내재적 의식"에(IA 426) 준해야 하며, 역사적 행동의 실질적 탄력에서 출발한 "현실주의적" 관점에서 목표를 규정해야 한다(G, OI 1421). 물론, 코뮌주의 사회에 대한 서술은 정의正義에 대한 하나의 규정("각자는 자신의 욕망을 갖는다")과 개체성의 윤리(개인 참조)를 전제로 하지만, 이러한 "윤리적" 요소들은 비판의 원칙들이 아니다.

욕망 Besoins / Bedürfnisse

*『경제학-철학 초고』에서 마르크스가 언급하는 욕망의 개념은 (인간의) 유한성과 밀접한 관계를 갖는다. 타존재의 형태 속에 있는 이념으로 자연을 정의하는 헤겔을 환기하면서, 마

---

1. 마르크스의 도덕성에 관한 수많은 토론이 있었다. 이에 대한 상이한 입장은 다음의 논문들에서 참고하라. 페트뤼치아니S. Petrucciani, 「마르크스와 도덕성. 마르크스에 대한 앵글로색슨 토론, 윤리와 정의」, *Actuel Marx*, 제10호, 1991, 147-66쪽; 토젤A. Tosel, 「마르크스. 정의와 그 생산물」,『마르크스 (그리고 엥겔스) 연구. 유한성의 코뮌주의를 향하여*Etudes sur Marx (et Engels). Vers un communisme de la finitude*』, Kimé, 1996, 75-103쪽; 르노E. Renault, 「마르크스의 도덕 문제」,『철학*Philosophie*』, 제7호, 1997, 98-104쪽; 퀴니누Y. Quninoux, 「무엇이 자본주의 비판을 위한 규범성인가: 윤리 또는 도덕Quelle normativité pour la critique du capitalisme: éthique ou morale?」, *Actuel Marx*, 제25호, 1999, 83-97쪽.

르크스는 자연성을 자기의 바깥에서 자신의 현실을 갖는 것으로 규정한다: "자신의 자연을 자기 바깥에 갖고 있지 않는 존재는 자연적 존재가 아니며, 그는 자연의 본질에 참여하지도 않는다"(Ms 171). 그러므로 자기 자신의 대상적 자연과 한 존재의 관계로서 파악되는 욕망은 하나의 배고픔으로 정의될 수 있다: "배고픔은 내 육체가 갖는 하나의 물질적 욕망이다. 자기 밖에 있는 대상에게 육체가 요구하는 욕망은 자기 통합과 본질적 표현에 필수 불가결한 욕망이다." 욕망은 "인간의 고유한 능력을 확인하고 실증하는 데 필요 불가결한 대상들"(Ms 170), 자연의 물질적 현실이기도 하고 다른 인간들이기도 한 대상들로 향한다(154).

** 마르크스는 욕망에 대한 이러한 존재론적 분석과 함께 욕망의 역사적 조건을 분석한다: "욕망의 생산은 그것의 충족과 마찬가지로 그 자체가 하나의 역사적 과정이다"(IA 66). 『경제학-철학 초고』에서 나타나는 욕망의 사회적 조건화와 그 기능에 관한 테제들은 오늘날의 생산 양식이 만들어 내는 욕망에 대한 비판이다(Ms 185-7, 192). 이 분석은 "화폐에 대한 욕망," 즉 "정치경제학이 야기하는 오직 하나의 진정한 욕망"에 중점을 두고 있다. 이 새로운 욕망은 "이기주의적 욕망"의 성립과 함께 어리석은 평준화와 극단적 세련화라는 이중적 과정을 관계시킨다: "이러한 소외는 한편으로 욕망과 그 (충족) 수단의 고상함을, 다른 한편으로 동물적 야만성의 회귀, 조야하고 추

상적이며 완전무결한 욕망의 단순성을 산출한다."

  사회적 관계들은 욕망을 조건지우며, 따라서 욕망에 미치는 양적·질적 효과로 이 관계들의 가치를 측정할 수 있다. 진정한 부富가 외부 세계와 수많은 방법으로 관계를 맺고 있는 한 개인의 역량에 의존하듯이, 부는 욕망의 인간적 형태에 의존한다. 이것은 욕망의 대상들이 인간의 본질적 능력들과 분명한 관계가 있음을 나타낸다. 마르크스는 바로 이러한 이중적 관점으로부터 사적 소유의 사회를 비판하고 코뮌주의의 여러 형태들을 평가한다. 전자는 욕망에 인간적 형태를 줄 수 없다: "사적 소유는 기본적인 욕망을 인간적 욕망으로 전환시키지 못하며," 그리고 이 소유는 "절대적 빈곤의 원인이기도 하다": "[노동자의] 어떤 감각도 더 이상 인간적인 방식으로 존재하지 않을 뿐만 아니라 비인간적인 방식으로도, 따라서 그 자체로서는 동물적인 방식으로도 존재하지 않는다." "부유한 인간과 부유한 인간적 욕망에 의한 정치경제학의 부와 빈곤"(Ms 154)을 대체하기 위해 코뮌주의는 양적일 뿐만 아니라 질적인 모든 측면에서 욕망의 발전을 촉발해야 한다: "부유한 인간은 인간적인 삶의 표현(외화)의 전체성을 필요로 하는 인간이다. 그러한 인간에게 자기 자신의 현실화는 내적인 필연성, 곧 하나의 욕망(결핍)으로서 존재한다"(Ms 154-5). 사적 소유의 질서 하에서 인간의 욕망, 즉 감각의 실행은 상업적 가치 증식을 합법적으로 소유하거나 그럴 수 있는 대상들로 환원시키는 반면에, 코뮌주의는 "모든 인간적 감각과 속성의 완전한 해방"(Ms 149)을 가능케 한다.

*** 이렇듯, 『경제학-철학 초고』에서 욕망의 질적·양적 측면을 풍부하게 하는 코뮌주의의 역량, 그 여러 형태들의 가치를 가늠할 수 있었다면, 이는 마르크스가 인간의 본질을 자기 자신의 대상적 자연과 유지하는 감각적 관계에 있다고 보는 자연주의적 관점을 취하기 때문이다. 이러한 인간학 비판(개인 참조)은 욕망의 원리적 기능을 파기하지만, 역사적 행동의 분석에서, 코뮌주의의 정의(IA 254, K 90, OI 1420)에서, 가격과 "사회적 욕망"(OII 972-80) 사이의 매개에 의해 "사용 가치"(K 39)와 "교환 가치"를 규정하는 가치 이론에서 욕망의 근본적인 역할을 보존한다.

유물론 Matérialisme / Materialismus

* 마르크스는 「포이어바흐에 관한 테제들」에서 자신의 철학을 실천의 유물론을 구성하는 "새로운" 유물론(Th 10)이라고 말한다. 마르크스의 유물론은 관념론에서 활동의 우위성(Th 1)이, 유물론에서 "상황"(Th 3)과 "조건"(IA 15, 26-7 : C 28/12/46)이 결정적인 역할을 한다는 논리를 취한다. 실천 개념은 바로 활동에서 독립된 물질적 조건들에 의해 조건지어진 활동, 그러나 행위에 의해 이 조건들을 변화시킬 수 있는 활동을 지칭

한다. 따라서 이 활동은 "실천적 유물론"을 규정한다(IA 24).

** 마르크스가 유물론을 내세우는 것은 "단 하나의 과학, 즉 역사학"만을 수용하기 때문이다. 역사학은 "역사의 유물론적 이해"(IA 38-42)의 관점으로 연구되어야 한다. 따라서 유물론의 개념은 역사의 이상적 개념의 비판으로부터 그 의미가 도출된다. 본질적으로 논쟁의 여지가 있는 의미를 담지한 유물론은 학설이라기보다는 하나의 의도를 나타낸다: 유물론은 역사를 추상적 원리들의 단순한 발전으로 보지 않고, 역사의 현실적 토대에서 역사의 연구를 진술한다. 우리가 마르크스의 유물론의 내용을 정확히 지적하고자 할 때, 난점들은 이 점에서 파생한다.

　유물론의 핵심은 실천의 "물질적 조건들"이 결정적인 특성을 갖는다는 명제에 있다(IA 19: AP, P 489). 그러나 이 조건들은 상대적으로만 '결정적'이다. 왜냐하면, 조건들 자체도 역사적 행동의 산물이기 때문이다. 동시에 물질적 조건들은 상대적으로 물질적이다. 왜냐하면 역사에서 물질적 조건들을 변화시키는 실천은 사회의 "물질적 토대"에 의해서 '조건지어질' 뿐만 아니라, 관념적인 요인들에 의해서도 결정되기 때문이다.

　『독일 이데올로기』와 『신성가족』(SF 152) 이전에 마르크스는 자신의 이론적 작업을 유물론으로 명명하는 데 주저했다. 『경제학-철학 초고』에서 그는 자신의 고유한 입장을 유물론과 관념론, 혹은 유물론과 유심론의 종합으로 이해된 자연주의의 입장이라고 하기도 하며, 때로는 "진정한 유물론"(Ms 160)으로 진술하기도 한다. 특히 이 자연주의의 내용이 논쟁의 여지를 남기는데, 왜냐하면 그 내용은 역사와 자연의 연속성을 강조하면서도 역사에서 자연의 지양을 관찰하는 포이어바흐적 자연주의를 역사화한 것이기 때문이다: "그리고 자연적인 모든 것이 생성될 수밖에 없듯이, 인간도 자신의 생성 행위, 곧 역사를 가지고 있다. 그런데 이 역사는 인간에게 있어서는 자각된 생성 행위요, 따라서 의식을 지닌 생성 행위로 지양된 생성 행위이다"(Ms 172). 우리는 이러한 화해, 즉 역사와 자연, 유물론과 관념론의 대립에 대한 화해의 시도를「포이어바흐에 관한 테제들」과『독일 이데올로기』에서 찾을 수 있다. 그리고 제1테제가 활동의 우위성을 단언하면서 관념론 쪽으로 무게를 둔다는 점에서 우리는 왜 역사의 유물론적 이해가 "새로운 관념론"이라기보다는 "새로운 유물론"으로 파악되고 있는지 의문을 가질 수 있다. 결국 유물론적 선택은 이론적 동기보다는 유물론의 전복적 함의와 대중의 관점(생산 참조)을 우선시하려는 의도와 관계가 있는 듯하다.

*** 유물론은 자체 내에 관념론과 유물론, "물질 없는 유물론," "비존재론적 유물론"[1]을 총괄하기 때문에 이 점에서 마

---

1. 마르크스의 유물론의 "비존재론" 특징에 대해서는 슈미트의『마르크스의 자연 개념』의 33-74쪽을 참조할 것. 슈미트는 노동을 인간과 자연의 상호 물질대

르크스의 유물론은 역설적인 부분이 있다. 만일 마르크스의 철학이 존재한다면, 그것은 역사적 유물론 또는 변증법적 유물론(마르크스의 저술에서는 쓰이지 않은 말이다)으로 명명될 수 없다. 그러나 마르크스의 사유는 유물론의 역사에서 근본적인 역할을 한다. 그의 사유는 유물론과 유심론의 대립을 유물론과 관념론의 대립으로 대체하고 이를 대중화하는 데 기여한다. 아마도 이 사실이 오늘날에도 이 용어를 둘러싸고 있는 불확실성의 원인이기도 할 것이다. "오늘날 많은 독일 저술가들은 '유물론'이라는 단어를 아주 단순하게 사용하고 있습니다. 사람들은 이 용어를 진정으로 연구하지 않으면서 이 꼬리표를 달기만 하면 모든 것이 언급되는 것처럼, 모든 사태에 이 단어를 붙입니다"(엥겔스가 슈미트에게 보낸 서신, 05/08/90).

유적類的 존재 Être générique / Gattungswesen

* 청년 헤겔주의자들은 슈트라우스와 포이어바흐가 종교 비판에서 규정하는 "유類"의 개념을 수용한다. 슈트라우스는 인류가 역사적 발전 안에서 포착된다는 전제 하에서만 예수에게 부여된 완벽성이 인류 전체에게도 주어진다고 주장하면서 개

사로서 간주하는 마르크스의 관점이 그의 유물론의 핵심이라고 지적한다. 또한 마르크스는 (이상주의적) 시각으로 노동의 폐지를 주장하기도 한다(노동 참조).

인을 유에 대립시킨다. 포이어바흐는 유의 개념을 인간의 진정한 인간성, 인간이 자각하고 있는 무한한 본질로서의 인간의 본질이라고 규정한다. 유는 이성, 의지, 마음이라는 3가지 무한한 "힘들"을 지칭한다. 포이어바흐처럼 마르크스도 유적 존재를 "유적 힘들"의 총체(Ms 165) 및 "자각적 존재"와 동일시한다: "인간은 자연물일 뿐만 아니라, 인간적 자연물이다. 다시 말하면, 자신의 존립을 자각하는 존재, 따라서 유적 존재이다. 인간은 자신의 존재뿐만 아니라 자신의 지知를 통해서도 자신이 유적 존재임을 입증하고 확인해야 한다"(Ms 172).

** 헤스는 『화폐 본질론』에서 인간의 분리 ― "사적 인간"과 "공동체적 인간" ― 와 유와 개인의 관계의 전도顚倒에 관한 문제를 다루면서 유의 쟁점을 깊이 다룬다. 이 주제에 관해서 마르크스는 헤스의 생각과 매우 가깝다. 마르크스는 정치만의 해방은 "공동체적 존재에서 분리된 개인"으로서 인간만을 인정한다고 지적하며, 이러한 해방은 인간을 유적 존재로 간주하지 않고 "유적인 삶 자체"를 "개인들의 외부에 있는 틀, 이들의 자립성의 제한"으로 만든다고 통렬하게 논박한다(QJ, P 73). 헤스의 영향 하에서 마르크스는 "유적 생활"과 "사회"를 같은 것으로 간주하는데, 이러한 사실 때문에 마르크스는 포이어바흐가 "'인간에 대한 인간'의 사회적 관계를 이론의 근본 원리"(Ms 160)로 삼는다고 말한다. 따라서 유의 개념은 더 이상 인류가 자신의 무한성을 포착하는 의식이 아니라 본

질적 힘(능력)들이 실현되는 장소로서의 사회를 지칭한다. 그러므로 본질적 힘들은 심리적인 관점만으로 해석되지 않는다. 유는 이성, 의지 그리고 사랑[1]이라기보다는 노동과 자연이 상호 작용하는 역사적 과정에서 인류가 "활성화시켜야" 하는 사회적 힘들의 총체로 정의 내려진다(Ms 165, 171).

실존주의적이면서 반反역사적인 포이어바흐의 유의 개념이 이렇게 역사화될 수 있는 이유는 역사적 과정이 어떤 본질의 실현 과정으로서 또는 하나의 보편적 역사로서 신학적으로 해석되기 때문이다: "자연주의만이 보편적인 역사의 행위를 이해할 수 있다"(Ms 170). 『신성가족』에서 시작되고 『독일 이데올로기』에서 심화된 역사 철학 비판에서 유의 개념은 완전히 포기된다. 「포이어바흐에 관한 테제들」에서 마르크스는 다음과 같이 평결한다: "포이어바흐는 역사적 과정을 도외시한다." "따라서 본질은 유로서만, 많은 개체들을 오직 자연적으로만 묶고 있을 뿐인 내적이고 침묵하는 일반성으로서만 포착된다"(Th 6).

*** 사회적 소외 이론을 구축할 목적으로 도입되는 유의 개념은 부분적으로 전혀 다른 두 가지 시도 — 사회적 소외의 여러 형태의 연구와 소외의 지양 범위에 대한 서술 — 와 관련된다. 『유태인 문제』 제1부의 결론은 바로 후자의 의미의 유이다:

---

1. 포이어바흐, 『기독교의 본질』, Maspéro, 1982, 119쪽.

"개체적, 현실적 인간이 자신에게서 추상적 시민을 다시 찾고, 경험적 생활, 개인적 노동과 개인적 관계 속에서 개인으로서 유적 존재가 될 때에야 비로소 인간의 해방은 완성될 것이다"(P 79). 그러므로『유태인 문제』는 사회 = 유 = 공동체라는 등가물의 사슬에 개체적인 것과 공통적인 것을 융합하고, 이를 통해 사회주의와 코뮌주의를 정의하면서 개인과 유는 등가물이라는 이상을 부연한다. 성숙기에 들어선 마르크스는 사회적 소외 이론으로서 유의 일차적 기능을 단호하게 반대했지만, 그것과 연루된 코뮌주의의 해석에 대해서는 명백한 비판을 가하지 않았다. 그와 반대로,『독일 이데올로기』는 ─ 마르크스는 "현실적 공동체"를 그때까지 존재해 왔던 "공동체의 대용물" 또는 "환상적인 공동체"와 대립시킨다(IA 62-3) ─ 코뮌주의를 계급 차이(MC, P 412-3)와 정치적 매개(MP, OI 135)가 소멸된 평화를 회복한 사회로서 단 하나뿐인 진정한 공동체로 정의한다. 마르크스는 "다른 사람들과의 사이에서 생겨나는 자연적인 유적 관계의 탯줄에서 떨어져 나온 개체적 인간"(K 91)이라는 사실에 의미를 부여하는 개체성의 윤리와 양립할 수 없는 이러한 해석[2]을 선호하는 것처럼 보인다.

---

2. 이런 해석은 코뮌주의를 "공동체"와 "사회"의 통일로 규정하는 레닌주의적 마르크스주의나 일부 비판적 마르크스주의에서 나타난다. 부어/코징,『마르크스-레닌 철학 소사전』의 "공동체" 항을 참조할 것. 뱅상J.-M. Vincent,『노동 비판, 만드는 것과 행동하는 것 Critique du travail. Le faire et l'agir』, PUF, 1987, 1장과 2장.

유토피아 Utopie / Utopie (**코뮌주의** 참조)

이데올로기(이념) Idéologie / Ideologie

* 마르크스는 이데올로기를 "현실적 생활의 언어"(IA 20)로서 파악하고, 역사적 맥락 안에서 정치 및 역사와 갖는 모호한 관계를 밝히면서 이념성을 진술한다. 이데올로기 개념은 사실상 다음과 같은 의미를 갖는다: a) 물질적 이해利害에 의한 이념성의 조건화(IA 168); b) 의식과 이론이 갖는 정치적 함의(이념성은 어떤 계급에 의한 다른 계급의 지배를 보장하는 방법으로 나타난다)(IA 44-5); c) 정치의 부정(이것은 어떤 계급의 특정한 이해에 보편적 형태를 부여하면서 지배를 은폐하려는 것이다)(IA 46); d) 사변적 역사 철학에서 그 순수한 표현이 가장 잘 드러나는 반역사적이며 이상적인 전도(이념은 역사에 의해 설명되는데, 사변적 역사 철학은 역사 과정을 반反역사적인 이상으로 설명한다)(IA 10, 14, 45, 83). 그러므로 이데올로기는 어떤 특정한 시기를 지배하는 이념, 하나의 지배를 낳는 이념, 지배를 정당화하는 이념이라는 의미에서(IA 9, 44-5) 지배 이념과 동일하다.

**『독일 이데올로기』에서, 이데올로기 개념은 과학과 이데올로기의 대립과 이데올로기와 프롤레타리아트의 대립이라는 두 개의 견고한 대립과 일체를 이룬다. 이것은 마르크스가 프

롤레타리아트와 "역사학"이 결합된 관점을 견지하면서, 인간이 스스로에 대해 만든 "거짓 이념들"을 이데올로기와 같은 것으로 생각하기 때문이다(IA 9). 프롤레타리아트는 더 이상 "계급"이 아닌 "대중"을 의미하기 때문에 특정한 이해利害로부터(IA 37), 따라서 이데올로기(IA 41)로부터 자유롭다. 이것은 과학의 경험적 버팀목으로 조성되는 사회에 대하여 이론적이며 비판적인 태도를 가질 수 있게 하고(Ms 154, IA 20-1), "세속적인 비판"(IA 288)을 가능하게 한다.[1]

마르크스는 얼마 후에 과학과 이데올로기의 대립, 이데올로기와 프롤레타리아트의 대립이 서로 화해할 수 없음을 인식한다. 이데올로기적 지배의 대상으로서 프롤레타리아트는 이데올로기로부터 자유로울 수 없다. 마르크스는 『철학의 빈곤』과 『공산당 선언』에서 프롤레타리아트는 아직 "계급 자체를 위한 계급"(OI 135)이 아니며, "프롤레타리아트에게 고유한 문화의 요소들"을 부여하면서 [부르주아지는] "(프롤레타리아트의) 손에 그들과 대항해서 싸울 무기를 쥐어 준다"(P 411)라고 주장하면서, 또 다른 이데올로기의 개념을 간접적으로 제시한다. 과학의 이데올로기적 함의는 정치경제학 비판으로 정당화된다.

---

1. 『독일 이데올로기』의 이데올로기의 정의에 대해서는 발리바르의 『마르크스의 철학』 34-55쪽과 가로I. Garo, 『마르크스, 철학 비판Marx, une critique de la philosophie』, Seuil, 2000, 57-80쪽을 참조할 것.

*** 이데올로기 내부에 있는 논리적 모순 때문에 이데올로기 개념은『독일 이데올로기』이후에 완전히 사라진다. 이 개념은 물신주의 이론으로 교정되고 재공식화된다.[2] 그럼에도 불구하고 우리는『자본』을『독일 이데올로기』에서 시작되는 (이데올로기에 대한) 성찰의 연장으로 생각할 수 있다. 마르크스는 이 책에서 이데올로기에 대한 단순한 비판에서 물신주의 이론을 사회적 이해利害에 의한 이념성의 조건화와 결합하면서 진정한 이데올로기 이론으로 이행한다.[3]

잉여 가치 Survaleur / Mehrwert

* 자본주의의 특별한 기능은 생산 과정에서 소비된 가치를 상회하는 가치의 생산, 잉여 가치의 생산에 있다. 잉여 가치의 화폐적 실현이 이윤이다. 마르크스는 "지금까지 존재해 왔던 모든 이윤 이론들을 공중에 내던지려는"(C 14/01/58) 의도로 이 개념을 만든다.

** 화폐(A)가 더 많은 화폐를 획득할 목적으로 상품(M)으로 전

---

2. 마르크스와 엥겔스의 개념들의 변천에 대해서는 발리바르의「마르크스주의에 있어서 이데올로기의 동요」,『대중들의 공포*La crainte des masses*』, Galillée, 1997, 173-278쪽 참조할 것.
3. 비데,『"자본"으로 무엇을 할 것인가?』, 171-99쪽과 르노E, Renault의「마르크스와 비판 개념」, *Revue Philosophie*, 제2호, 93쪽 이후를 참조할 것.

환되면 자본으로 존재한다. 따라서 "자본의 일반 공식"은 A′가 A보다 우세한 A - M - A′이다(K 165-7). 그러나 상품은 언제나 자신의 가치로 교환된다는 점에서 이 순환은 가능해 보이지 않는다(K 175-87). 이 문제의 해결책은 어떤 상품의 가치가 그 상품을 사용해서 생산한 가치보다 열등한 상품의 존재와 관계가 있다: 이 상품이 노동력이다(K 187-98). 노동력의 가치는 "노동하는 개인으로서 노동하는 개인의 생활을 유지하는 데" 필요한 재화의 총체로 규정된다. 따라서 잉여 가치는 이 재화의 가치와 등가적인 가치의 생산을 위해 요구된 시간보다 더 긴 시간 동안 노동력을 사용할 때 존재할 것이다. 그러므로 잉여 가치는 "잉여 노동"을 전제로 하며, 이러한 강제는 잉여 가치를 단순한 수량적 크기 이상인 정치적 개념으로 만든다.[1] 잉여 노동을 위한 강제는 노동 일수의 연장 형태("절대적 잉여 가치")나 노동의 사회적 · 기술적 조직 내에서의 변경 형태를 취할 수 있고("상대적 잉여 가치"), 또한 계급 투쟁과 노동 시간의 축소를 위한 투쟁으로 이 강제를 제한할 수 있다(K 310-33).

*** 잉여 가치의 개념은 또한 "착취"의 정의를 제시한다. 마르크스는 『자본』에서 "착취의 정도" 또는 노동력의 재생산에 필

---

1. 이런 까닭에 저자는 Mehrwertf(잉여 가치)를 수량적 증식을 강조하는 plus-value(잉여 가치)보다 (강제성이 함유된) 초과의 의미를 지닌 survaleur(초가치)로 번역되어야 한다고 지적한다: 옮긴이. 발리바르/르페브르E. Balibar/J. P. Lefebre, 「잉여 가치 혹은 초가치」, *La pensée*, 제197호, 1978와 제210호, 1980.

요한 잉여 노동과 노동의 상호 관계에 대한 쟁점의 틀에서 착취를 진술한다(K 237-46, 671-82). 전통적 해석은 마르크스의 다른 저술을 근거로(예를 들어, 『임금』에 씌어진 다음 문장을 보자: "노동자가 매번 다른 상품으로 노동의 과실을 교환할 때마다 착취는 다시 시작된다. 식료 잡화상, 전당포 주인, 집주인 등, 모든 사람이 그를 다시 착취한다."OII 153). 착취를 잉여 가치의 정치적 얼굴로, 잉여 가치를 지배로 간주한다. 이런 의미에서 착취는 (실재적 포섭과 상대적 잉여 가치의 논리에 따라서) 그 형태가 계속해서 갱신되는 노동에 대한 강제의 효과이며, 그 실행을 계급 투쟁으로 거역할 수 있는 지배이고, 자본주의적 생산 양식의 구조적 조건이다(노동자는 생산 수단을 박탈당했기 때문에 임금의 틀 내에서만 자신의 노동을 가치화할 수밖에 없다). 착취 개념의 여러 경사면은 경제 사회학, 노동 사회학, 계급 투쟁으로 향해 있다: 이러한 여러 측면들의 통일은 풀어야 할 숙제로 남아 있다.[2]

잉여 노동 Surtravail / Mehrarbeit (**노동** 참조)

자본 Capital / Kapital (**잉여 가치** 참조)

---

2. 알튀세르, 「마침내 마르크스주의의 위기가」, 같은 책, 249-50쪽.

전유專有 Appropriation / Aneignung (**소외** 참조)

정치 Politique / Politik

* 정치 개념은 비판의 대상을 특징짓는 개념들 중의 하나이며, 다른 어느 개념보다도 마르크스적 비판의 모호성이 잘 드러나는 개념이다. 급진적이기를 원하는 비판은 정치의 환상을 가차 없이 공격하며, 정치의 종말을 내다본다. 계급 사회의 종말은 정치의 종말로 치닫게 될 것이다: "이른바 정치권력은 존재하지 않을 것이다. 정치권력이란 바로 시민 사회 안에서의 적대 관계의 공식적인 요약이기 때문이다"(MP, OI 136). 그러나 마르크스는 이와 함께 부르주아에 대항한 프롤레타리아트의 투쟁은 정치적 성격을 띠어야 한다고 단언한다: "지배권을 노리는 모든 계급들은, 그 지배가 낡은 사회 형태와 지배 일반을 완전히 폐지하는 데까지 도달하더라도 […] 무엇보다도 먼저 공익으로서 자신의 고유한 이해를 대표하기 위해서 정치권력을 획득해야 한다"(IA 31n). 여기에서 정치는 계급 투쟁과 관련된 이중의 관계에서 파악되어야 한다. 한편으로 정치는 보편성이라는 이데올로기적 베일 하에서 갈등의 논리를 감추고, 다른 한편으로는 갈등의 전개를 허용하는 하나의 도구처럼 나타난다. 계급 투쟁과 정치는 아주 긴밀한 관계를 갖는데, 왜냐하면 계급 투쟁이야말로 정치를 탈신비화

된 형태로 규정하기 때문이다. 사실상 그 뿌리가 계급 투쟁에 닿아 있지 않으면서 "동시에 사회적이지 않은 정치적 운동은 결코 존재할 수 없으며,""계급 대 계급의 투쟁은 하나의 정치 투쟁이다"(MP, OI 135-6). 이런 의미에서, 정치 비판은 시민성의 순수성과 국가의 합리성에서 연유한 환상을 겨냥하며, 이 요소들을 사회적 갈등으로 귀속시킨다. 그렇기 때문에 마르크스의 정치 비판이 또한 유일하고 진정한 정치적 긍정이라는 것은 모순적이지 않다: "따라서 어떤 것도 우리의 비판을 정치 비판에, 정치 참여에, 즉 현실적인 투쟁에 연결하는 것을, 그리고 우리를 이 투쟁과 동일시하는 것을 방해하지 못한다" (P 45).

** 우리는 마르크스의 정치 비판을 적어도 크게 2단계로 구분할 수 있다. 첫 단계의 정치 비판은 프랑스 대혁명과 『헤겔 법철학 비판』을 결합하면서 전개된다. 마르크스는 자신의 원칙을 다음의 테제로 언명한다: "인간 해방은 인간이 자신의 고유한 힘을 사회적 힘으로 인식하고 조직할 때만, 그리하여 정치적 형태로서 사회적 힘을 더 이상 자신으로부터 분리시키지 않을 때만 실현될 수 있다"(QJ, P 79). 해방이 개인들의 현실적 현존이 분리된 추상적인 시민성과 국가 형태 하에서 현실화되는 한 그것은 공허할 뿐이다. 바로 이러한 의미에서 정치 비판은 "정치적 소외"(MK 37, 70-1, 134: IH, P 90-1), "정치적 추상" (MK 68-72, 132-4: QJ, P 59-63), "국가적 환상"(MK 91), "정치적

환상"(IA 40) 등, 이 모든 것에 대한 비판이다. 정치적 해방이 사회적 삶 일반의 모든 부분으로 전파되기를 강하게 요구하는 이러한 정치의 **정치학적 비판**과 『독일 이데올로기』로부터 시작되는 정치의 **사회학적 비판**은 구별되어야 한다. 이 저술에서 마르크스가 역사와 이데올로기 이론의 틀 하에서 신랄하게 비난하는 "정치적 환상"은 자립성, 정치적 이념과 정치적 제도의 무소불위의 힘에 대한 환상이다.[1]

*** 이데올로기 개념은 이념성을 계급 이해의 표현으로 간주함으로써 사유와 담론에 내재된 정치적 함의를 지칭한다. 정치는 어떤 계급의 이해를 모든 사람의 이해와 동일시하면서, 계급 투쟁을 은폐하는 정치 부정의 형태로 나타난다. 정치경제학은 이와 같은 정치 부정을 특징으로 한다. 물신주의 이론은 정치경제학의 이러한 정치적 함의 — 즉, 자본주의적 생산 양식을 정당화하는 정치경제학의 경향 — 를 밝힌다. 다시 말하면, 가치의 시원始原을 이루는(가치 참조) 지배의 사회적 관계들이 맺어지는 곳에서 사태의 관계들을 관찰하면서 경제적인 것을 하나의 비정치적인 소여所與로 환원하려는 정치경제학의 속성을 드러나게 한다. 따라서 마르크스의 정치 비판은

---

1. 아방수르M. Abensour, 『국가에 대항한 민주주의. 마르크스와 마키아벨리적 순간La démocratie contre l'Etat. Marx et le moment machiavellien』, PUF, 1977, 10-2, 34-53쪽. 토젤, 「마르크스의 정치 비판」, 발리바르 외, 『마르크스와 정치 비판 Marx et la critique de la politique』, Maspéro, 1979, 13-52쪽.

이러한 다양한 형태들의 정치 부정을 공격하면서 비정치적으로 보이는 것의 정치성을 긍정한다. 그렇다고 해서 모든 것이 정치적이라고 결론지을 수 있을까? 삼단논법으로 대답을 해야 할 것 같다. 『공산당 선언』에 대전제가 있고: "모든 역사는 계급 투쟁의 역사다." 소전제는 『철학의 빈곤』에서 찾을 수 있다: "모든 계급 투쟁은 하나의 정치적 투쟁이다." 그런데 이러한 공식은 마르크스에게 있어서는 경멸적 의미만을 갖는다: "중세 시대는 비-자유의 민주주의였다." "중세 시대에는 […] 모든 것이 정치적이었다"(MK 71). 이것이 바로 정치 비판을 규정하는 이중적 구속이다: 한편으로 정치적 해방은 지배 관계의 총체와 단지 외양만 비정치적으로 비추어지는 것의 총체를 자유에 대한 강력한 요구에 종속시키면서, 사회적 생활의 총체ensemble로 확산되어야 하며, 다른 한편으로 인간 현존의 정치적 계기를 단지 하나의 특수한 계기, 비정치적인 기조로써 자기에 대한 성찰 계기로 제한하면서, 국가와 정치의 자족과 무소불위의 힘을 가차 없이 고발해야만 한다. 다르게 표현하면, "민주주의에서 특수한 것으로서의 국가는 특수할 뿐이며, 보편적인 것으로서의 국가는 실제로 보편적인 것이다. […] 진정한 민주주의에서, 정치적 국가는 와해될 것이다. 프랑스인들은 그것을 알고 있었다"(MK 70).

재생산 Reproduction / Reproduktion (**경향의 법칙** 참조)

준準자연성 Quasi-naturalité / Naturwüchsigkeit (**노동** 참조)

착취 Exploitation / Ausbeutung (**잉여 가치** 참조)

철학 Philosophie (—**의 현실화** effectuation de la — / Verwiklichung der —)

(—**의 종결** sortie de la — /Ausgang der —)

* 철학에 대한 마르크스의 비판은 "지양"에 의한 철학의 "현실화"와 철학의 "종결"이라는 두 모델 사이를 넘나든다. 포이어바흐의 '철학의 개혁' 개념에서 영감을 받은 첫 번째 모델은 철학을 '철학적인 것'에 머무르고 있는 "비판적 철학"(P 46)으로 변형시키는 것을 내포하고 있다("지양"은 헤겔이 이 개념에 부여한 '부정'과 '보존'의 이중의 의미로 이해되어야 한다). 철학의 종말이라는 슈티르너의 쟁점[1]을 계승한 두 번째 모델은 철학을 경험 과학으로 대체할 것을 계획한다: "바로 여기에서 사변은 멈춘다. 그러므로 현실적 삶 안에서 현실적이고 실증적인 과학이 시작된다"(IA 21).

---

1. 슈티르너M. Stirner, 『유일자와 그의 소유*Der Einzige und Sein Eisentum*』, L'âge de l'homme, Lauzanne, 1972, 404쪽: "유일한 것은 너와 나에 대해 최후의 그리고 빈사 상태의 발화(술어)만을 원하며, 유일한 것은 이 발화가 사념으로 변하는 것만을 원한다: 금지된, 무언의 발화."

** 포이어바흐에게 있어서 철학의 개혁 개념은 철학 텍스트에 "비-철학"을 도입하는 기획이다.[2]『독불 연보』에서, 마르크스는 비-철학을 철학에서 역사적으로 사유될 수 없었던 것과 동일시하면서 이 기획을 이어받는다.[3] 1843년 9월 루게에게 보낸 서신에는 철학의 개혁이 "정치 참여"(P 45), 시대의 투쟁의 "자기 이해理解" 그리고 "의식 개혁"을 이루는 철학의 "세속화"(P 43) 등으로 동시에 제시되고 있다. 이러한 철학의 세속화에 대한 이해는 「헤겔 법철학 비판 서문」에서 철학의 현실화라는 청년 헤겔주의자들의 문제의식에 적용된다. 철학을 현실화하는 것, 그것은 합리적인 세계를 완전하게 실현하는 것이리라. 브루노 바우어가 진술하는 것처럼,[4] 철학이 철학 자체에 대한 고유한 실천이라는 점에서, 철학은 그 자체에 의해 하나의 세계를 만드는 것으로 고려되어야 하는가? 그렇지 않으면, 몇몇 사회주의 분파들이 주장하는 것처럼, 정치 투쟁에 있어서 철학은 불필요한 존재인 것인가? 철학적 비판과 실천적 비판, 이 양자를 서로 결합하는 것이 옳은 일일 것이다.

---

2. 포이어바흐, 「철학 개혁을 위한 임시적 테제들」, 45절, 『철학 선언Manifestes philosophiques』, PUF, 1973, 116쪽: "철학은 철학을 탐구하지 않는 사람, 게다가, 철학을 반대하는 사람의 비철학적 텍스트를 도입해야 한다."

3. 라비카G. Labica, 『철학의 마르크스주의적 지위La statut marxiste de la philosophie』, Bruxelles, Complexes, 1976, 82-96쪽.

4. 바우어는 헤겔에 대해 다음과 같이 언급한다: "그의 이론은 그 자체로 실천적이다." 바우어, 『헤겔에 대항한 최후의 심판의 나팔, 무신론자, 예수 반대자. 최후의 통첩La trompette du jugement dernier contre Hegel, l'athée, l'anthéchrist. Un Ultimatum』, Aubier Montaigne, 1972, 104쪽.

이것은 철학의 보존과 부정을 전제한다: "철학을 지양하지 않고 철학을 현실화할 수 없고, 철학을 현실화하지 않고 철학을 지양할 수 없다"(IH, P 97-8).

『경제학-철학 초고』는 "철학의 본질"을 "자기를 아는 인간의 외화(소외) 혹은 스스로를 사유하면서 외화된 학"(Ms 166), "자기 소외의 내부에서, 즉 추상적으로 자기 자신을 포착하면서 사유하는 소외된 세계정신"(Ms 162)과 등가물로 간주하며, 자연과학의 모형에 입각한 "현실적이고 긍정적인 이론"을 통해 자기 소외를 지양할 것을 요구한다: "앞으로 자연과학은 인간에 관한 과학을, 인간에 관한 과학은 자연과학을 자기 아래로 포섭할 것이다. 따라서 단 하나의 과학만이 생성될 것이다"(Ms 154). 이 구절들은 논란이 많은 포이어바흐의 그 유명한 테제에 해결책을 제시한다: "철학자들은 다양한 방법으로 세상을 해석한다. 그러나 중요한 것은 세상을 변화시키는 것이다." 「포이어바흐에 관한 테제들」은 「헤겔 법철학 비판 서문」의 표현들이 환기시키듯이 실천과 이론이 융합되어야 할 필연성을 강조하고 있으나(Th 4), 제11테제의 경우, 이것은 비판적 철학의 최종적 공식화公式化가 아닌, 오히려 철학의 "종결"이라는 주제의 첫 번째 실례들의 하나로 간주되어야 한다.

우리가 『독일 이데올로기』를 믿는다면, 우리는 "[철학의] 도약에서 나와서 평범한 인간의 현실을 탐구하여야 한다"(IA 234). 마르크스는 사유에 대한 역사의 효력을 서술하고, 또 이 효력을 무마하기 위해 경험적 토대에 의존하는 과학의 이름 아래 자신의 논리를 전개하면서, 이데올로기와 과학적 진리의 적대적 대립을 설정하고 철학을 이데올로기로 환원시킨다.

*** 마르크스주의에서 철학의 위치는 정치경제학 비판에 대한 해석을 둘러싸고 벌어지는 수많은 논쟁의 대상이 된다. 만일 철학의 지위가 철학적 이데올로기와의 단절로 가능해진 새로운 과학의 출생증명서라고 한다면(알튀세르[5]), 마르크스의 저작에서 『독일 이데올로기』는 결정적인 계기가 되며, 과학과 철학의 관계는 이 책이 씌어진 1846년에 제시된 모델에 따라 이해되어야 한다: "현실에 대한 서술과 더불어 철학은 자립적인 방식으로 서술되지 못한다. 철학의 자리에 인간의 역사적 발전 과정에 대한 고찰에서 추출될 수 있는 가장 일반적인 결과들의 종합을 놓을 수 있을 뿐이다"(IA 21). 이와 반대로 우리가 정치경제학 비판을 소외 비판으로 간주한다면, 우리는 이 비판을 『경제학–철학 초고』에서 가장 명확한 공식들을 찾을 수 있는 사회적 해방 철학(뤼벨[6])이나 혹은 변증법적 철학(루카치[7])의 실행으로 볼 수 있을 것이다. 만일 정치경제학 비판이 철학의 지양과 보존을 강조한다면(코르쉬[8]), 성숙기의 마르크스의 사유에서 「헤겔 법철학 비판 서문」은 철학과 과학

5. 알튀세르, 「『자본』에서 마르크스 철학까지」, 『자본을 읽자』, 3-9쪽.
6. 뤼벨/자노베르M. Rubel/L. Janover, 「마르크스, 철학에 대한 비판철학」, 『카를 마르크스, 철학Karl Marx, Philosophie』, Gallimard, 1994, I-XXXIII쪽.
7. 루카치, 『역사와 계급의식』, Minuit, 1960,
8. 코르쉬K. Korsch, 『마르크스주의와 철학Marxisme et philosophie』, Minuit, 1964.

의 관계를 가장 잘 서술한 텍스트일 것이다.

코뮌주의 Communisme / Kommunismus

* 마르크스의 코뮌주의 개념은 계급 없는 사회에 이르는 하나의 혁명 과정을 지칭한다(IA 37). 이 과정에서 생산 수단의 공동 소유는 동시에 a) 공권력에서 정치적 특질을 떼어내어(MC, P 423-5) 민주주의를 정복하게 하고, b) 경제적 관계들에서 그 준₩자연성이라는 옷을 벗겨내어(IA 97) 그것을 "개인들의 힘"에 종속시키며, c) 사회를 "각자의 발전이 모든 사람의 자유로운 발전의 조건인 자유 연합"(P 426)으로 전환시킨다.

** 초기 저작에서 마르크스는 긍정적으로 완성된 해방 단계를 사회주의로, 사유 재산의 부정에 부정적인, 따라서 불충분한 과도기적 국면을 코뮌주의로 지칭한다. 그러나 『독일 이데올로기』에서는 이 모든 과정 전체를 코뮌주의로 명명한다. "코뮌주의는 우리에게 있어 조성해야 할 하나의 상태, 혹은 현실이 따라야 할 하나의 이상이 아니라, 오늘날의 상태를 지양하는 현실적인 운동이다"(IA 33n). 따라서 이 과정의 여러 국면을 구분해야 할 필요성이 있다.

  1) "프롤레타리아트 독재" 국면: 생산 수단에서 사유 재산제를 폐지하기 위해 프롤레타리아트가 지배 계급이 되며, 국

가 권력(그리고 그 변형)을 행사하는 국면이다(P 424-5)(OI 1481). 이 국면은 "정치적 과도기"로서 자본주의 사회에서 코뮌주의 사회로의 "혁명적 전환"을 실행한다(G, OI 1429).

2) 코뮌주의 사회 국면: "자본주의 사회로부터 바로 분출하는" 이 사회는 "그 모태인 낡은 사회의 흔적이 모든 면에서, 즉 경제적, 도덕적, 정신적으로 여전히 잔재하는 사회이다" (OI 1419). 이 사회에서는 노동 시간 전표에 따른 "능력"에 비례하여 욕망이 충족된다(OI 1420). 일반적으로 코뮌주의 사회의 첫 번째 국면을 "사회주의" ― 마르크스와 엥겔스는 그렇게 언급하지 않았지만 ― 로 지칭한다.

3) 코뮌주의 사회의 상위 국면: 이 국면에서는 분업이 폐지되고, 각자의 욕망에 따른 분배와 개인의 총체적 개화開花가 실현된다.[1]

*** 현 사회의 자기 지양 운동으로서의 코뮌주의에 대한 정의는 유토피아적 사회주의에 대한 신랄한 비판(P 435-8)과 한 쌍을 이룬다. 마르크스의 반反유토피아주의는 a) 자본주의와 코

---

1. 코뮌주의의 마지막 두 국면의 중요성에 대한 토론이 활발하게 진행되고 있다. 이 주제와 관련해서, 특히 자본주의를 나오면서 보존되어야 할 시장과 법률의 역할에 대해선 다음의 저술들을 참조하라. 비데J. Bidet, 『일반 이론, 법, 경제와 정치 이론*Théorie générale, Théorie du droit, de l'économie et de la politique*』, PUF, 1999. 르노E. Renault, 「헤겔의 국법론 비판에서 법」, 발리바르, 『마르크스, 민주주의의 이론가*Marx théoricien de la démocratie*』, PUF, 2001, 리알S. Rials, 「법의 마르크스적 원리」, 『법률 문화 사전*Dictionnaire de la culture juridique*』, PUF(출간 예정).

뮌주의의 연속성 이론과 b) 혁명의 투쟁 이론에 입각한다.

a) 초기에 마르크스는 프롤레타리아트를 보편적 계급으로 인식하는 이론의 틀 내에서 이 연속성을 생각했다. 프롤레타리아트가 "모든 소유권에서 제외되어" "사회 밖으로 추방되고"(IA 33n, 37) 자본의 무한한 지배에 종속되어 있다는 사실(MC, P 407-14), 이러한 프롤레타리아트의 고통의 보편성(IH, P 106-8)은 프롤레타리아트가 혁명의 소명 의식을 가지고서 종국적인 계급 폐지에 기여하는 것을 보장한다. 그런데 1848년 혁명이 실패함으로써 마르크스는 이 이론 모델을 포기해야만 했고, 이 연속성을 과학적 토대에서 설정하려고 시도하게 된다(여기에서 엥겔스의 공상적 사회주의와 과학적 사회주의의 구분이 나온다). 바로 이것이 『자본』 I권의 결론이 암시하는 바이다. 동시에 자신의 생산관계들을 극복하고자 하는 자본주의의 경향과 코뮌주의의 생산 양식의 예시像示로서 자본 축적의 역사적 경향의 법칙은 자본 집중의 역동성을 보여 주는 데 그 목적이 있다(K 854-7).

b) 자본주의와 코뮌주의의 연속성 이론은 현세계의 잠재성으로부터 탄생하는 혁명의 투쟁 이론을 정초한다. 1871년의 (파리) '코뮌'은 그 원형적 역할을 한다: "그것[코뮌]은 칙령으로 도입되는 완성된 유토피아가 아니다. 코뮌은 자신의 해방을 위해 [...] 상황과 인간을 완전하게 변형시킬 일련의 역사적 과정을 통한 길고 긴 투쟁을 거쳐야 한다는 것을 안다. 코뮌(의 목표)은 이상의 실현이 아니라 붕괴되고 있는 낡은 부르주

아 사회의 옆구리에 있는 새로운 사회의 요소들을 해방시키는 것뿐이다"(GC 46). 우리는 자본주의와 코뮌주의의 연속성 이론이 충분한 근거가 있는 것인지, 이 이론이 『신성가족』과 『독일 이데올로기』에서 마르크스가 전개하는 역사 철학 비판과 양립할 수 있는 것인지, 그리고 이 이론이 하나의 혁명적 실천 이론을 기초하는 데 충분한 것인지를 자문해 본다. 그렇다면, 우리는 유토피아를 조금 더 관대하게 생각할 수 있을 것이다.[2]

토대와 상부 구조 Base-Édifice / Basis-Überbau

*「정치경제학 비판 서문」에 나타난 토대와 상부 구조[1]라는 쌍 개념의 목적은 경제적 토양 속에 (인간의) 의식적인 생활과 제도들을 뿌리박게 하는 것이다: "생산관계들의 총체가 사회의 경제적 구조를 이루며, 이 현실적 토대 위에 규정된 사회적 의식 형태들에 상응하는 법률적·정치적 상부 구조가 선다"(AP, P 488).

---

2. 말레르H. Maller, 『불가능을 탐하기Convoiter l'impossible』, Albin Michel, 1995, 아방수르M. Abensour, 『토마스 모어의 유토피아에서 발터 벤야민까지L'utopie de Thomas More à Walter Benjamin』, Sens et Tonka, 2000 참조.

1. 여기서 상부 구조는 프랑스어와 독일어 어원이 가리키는 것처럼 건축물 또는 상부 구조물이다. 마르크스의 주석가들이 사용하는 하부 구조infrastructure/상부 구조superstructure와 구별되어야 한다: 옮긴이.

** 이 텍스트에 따르면, 마르크스의 유물론은 전통적인 쌍 개념인 하부 구조/상부 구조(마르크스 자신은 이 용어들을 사용하지 않았다)로는 파악할 수 없는 복잡성과 유연성을 지니고 있다. 토대로의 환원은 a) 동일한 것들 사이의 기계적 관계나 b) 직접적 관계를 진술하는 것이 아니다.

a) 먼저, 의식적인 생활과 사회 제도들의 상부 구조와 경제적 토대의 관계를 진술하는 다음 동사들의 성격에 주목하자: 일어서다sich erheben, 상응하다entsprechen. "인간 상호 간의 물질적 교류는 그들의 물질적 관계들의 직접적 발산으로서 나타난다"와 같은 테제는 동일한 맥락의 다음의 문장이 지칭하는 것처럼 기계적 관계의 인과 관계로 파악되어서는 안 된다: "이념들, 표상들, 의식 등의 생산은 무엇보다도 인간의 물질적 활동과 물질적 교류에 직접적으로 연류된다"(IA 20). 그러므로 이러한 테제들은 일의적인 규정보다는 하나의 조건을 나타낸다: "물질적 생활의 생산 방식이 사회적, 정치적, 정신적 생활 과정 일반을 조건짓는다"(AP, P 488). 역사에 대한 유물론적 이해의 특성은 경제적 토대의 변화가 상부 구조의 "지체된 혹은 급속한"(P 489) 전복을 가져올 수 있으며, "하나의 동일한 경제적 토대 — 경험적으로 다른 수많은 조건들, 자연적 조건들, 근원적 관계들, 외세에 의한 역사적 지배 등의 영향력 하에서 그 근본적 조건들이 동일한 경제적 토대 — 는 이 조건들의 분석을 통해서만 설명될 수 있는 무한한 변이와 차이를 가질 수 있다"(K, OII 1401)는 사실을 전제로 하면서, 제도들과

표상들의 상부 구조를 이 경제적 조건화로 설명하는 데 있다. 이러한 의미에서 엥겔스는 경제적 조건들은 "최후의 단계"에서만 결정적이라고 말한다(C 21/09/1890).

b) 마르크스에게 있어서 토대로의 환원은 점진적인 시도로 나타난다는 점을 주목하자. 사회적 의식의 형태들은 법률적·정치적 관계들에 "상응하고," 이것은 "물질적 생활 관계들에 뿌리박고 있으며," "이 관계들의 해부학은 정치경제학에서 찾아야만 한다"(P 488). 이러한 진술은 이데올로기적 형성들, 법률적–정치적 제도들과 사회적 조직들이 경제적 토대와 같은 방식으로 조건지어져 있지 않다는 것을 말해 준다.

*** 토대와 상부 구조에 관한 몇몇 저술들은 일반적 방법론을 지시하는 데 유일한 목적이 있는 것일까? 혹은 이 저술을 마르크스의 위상학位相學의 초안으로 해석해야 할까? 연구가들은 여러 난점에도 불구하고 후자의 입장을 개론적인 기계적 해석[2]이나 구조주의적 해석[3]의 틀에서 수용한다. 여러 난점들 중에서 개인의 권리와 소유관계들을 법률적 양식화로 국한함으로써 제기되는 문제를 언급하자. 법률적 양식화의 총체 그 자체는 경제적 토대에 의존하는 법률적–정치적 상부 구조에 속해

---

2. 부어/코징, 『마르크스-레닌 철학 소사전』에서 "토대와 상부 구조"를 참조할 것. 이 글에서 저자들은 이 개념을 다음과 같이 설명한다: "역사의 유물론적 이해와 사회 이론의 근본적 개념, 이 개념은 경제적 관계들과 사회적 형성(구성)의 모든 관계들의 상호 간의 행동과 관계들이 종속된 법칙들을 반영한다."

3. 알튀세르, 「모순과 초규정」, 『마르크스를 위하여』, 87-128쪽을 참조할 것.

야 할 것 같은데, 이때 소유관계들은 경제적 토대를 규정하는 생산의 사회적 관계들을 결정하는 본질적 요소로 간주된다.

포섭包攝 Subsomption / Subsumption

* 포섭 개념은 어떤 보편적 언표가 포괄하는 특수한 사실들에 대한 이 언표의 관계를 서술한다. 마르크스는 이 개념의 기능을 변형시켜 사회적 관계가 개체적 행동을 조건 짓는 관계, 예컨대 사회적 관계가 사회적 현실을 구상하는 방식으로 서술하는 데 사용한다. 그 결과로 여러 형식의 포섭은 형식적 포섭과 실재적 포섭으로 구분된다.

** 마르크스는 『독일 이데올로기』에서 개인의 현존은 물질적 조건들에 의해 규정되고 사회적 관계들의 총체(인간 상호 간의 "교류" 형태들) 안에 포획되어 있다는 입장을 견지한다. 이 규정 관계를 포섭의 개념으로 지칭하면서(IA 61-3), 그는 형식이 상대적으로 무형의 질료에, 사회적 일반성이 개체적 특수성에 적용되는 것처럼, 이 사회적 관계들은 개체적 현존에 적용된다고 부연한다. 그는 또한 개체적 행동은 항상 어느 정도 독립(성)을 갖고 있으나(행동은 산출되는 것이 아니라 사회적 관계들에 의해서 단지 포섭된다), 이 행동은 사회적 일반성에 의한 개인의 지배 효과 하에서만 사회적 관계에 귀속된다고 역설한다.

　이 개념은 정치경제학 비판에서(OII 365-82, CHI 206-21) 자본에 의한 노동 예속의 두 단계를 구분하기 위해 사용된다. 자본 개념은 마르크스에게 있어 잉여 가치의 생산에 의해 방향이 정해진 하나의 가치 증식 과정이다. 수공업 시대에는 아직 형식적 포섭만이 있다. 수공업 시대에는 노동 과정이 노동 구조의 변형 없이 자본의 명령 하에 있기 때문이고, 또 다른 요인은 노동 과정의 바깥에 있는 구속의 총체(명령, 감시, 재정적 압박)에만 지배를 받기 때문이다. 반면에 대공업은 노동 과정의 조직 자체가 잉여 가치를 목적으로 그 기술적 토대와 함께 노동 과정을 협업 형태로 재구획함으로써 노동자에게 잉여 노동을 강제한다는 점에서 하나의 실재적 포섭으로 특징지어진다. 형식적 포섭에서 실재적 포섭으로의 전환은 자본주의의 사회적 관계들이 사회적 물질성을 규정하는 방식을 잘 진술해 준다. 마르크스는 이러한 상업적 사회를 견고한 사회적 법칙이 결정짓는 태도(처신)들의 총체나 개인적인 행동들의 단순한 집합으로 파악하지 않고, 다양한 실천들을 끊임없이 전환시켜 가치 증식의 논리에 항상 더 적합하게 하고, 언제나 자본주의적인 사회적 관계들에 더 한층 순응시키는 하나의 역동적 과정으로 진술한다.

*** 포섭 개념은 지배의 벡터로서 사회적 관계들을 나타내며, 형식적 포섭에서 실재적 포섭으로의 전환은 노동 과정에서 작동하고 있는 권력관계의 전환에 대한 하나의 분석을 제시한

다. 푸코는 마르크스가 개인 상호 간에 작동 중인 권력 형태를
무시하면서, 거시 권력으로서의 권력(국가 권력과 계급 권력)만
을 진술한다고 논박했다.[1] 그러나 마르크스가 "제조업의 규율"
에 대한 분석에서 다루고 있는 것은 바로 미시 물리학이다. 그
는 여기에서 지배 형태를 노동자와 기계의 쌍과 쌍이 연류시키
는 통제 유형과 비교하여 분석하고 있다(K 470-9). 마르크스는
미시 권력을 무시하기는커녕, 푸코에게는 사각지대에 있었을
문제 — 미시 권력과 거시 권력의 절합 — 를 제기하고 있다.

프롤레타리아트 Prolétariat / Proletariat (**코뮌주의**와 **이데올로기** 참조)

프롤레타리아트 독재 Dictature des prolétariat / Diktatur des
    Proletariats (**코뮌주의** 참조)

해방 Émancipation / Emanzipation (**소외** 참조)

활동 Activation / Betätigung (**실천** 참조)

---

1. 들뢰즈, 『푸코』, Minuit, 1986, 32-8쪽.

『마르크스의 용어들』에 부침

김현(전남대학교 철학과)

1

마르크스 자신의 사상을 특징짓는 것으로 널리 알려진 몇 개의 테제들로부터 이야기를 시작하도록 하자. 마르크스의 저작을 조금이라도 접해 본 사람들이라면 '의식이 생활을 규정하는 것이 아니라, 생활이 의식을 규정한다'라는 『독일 이데올로기』의 유명한 명제나 '철학자들은 지금까지 세계를 해석하기만 했다. 중요한 것은 세계를 변혁하는 일이다'와 같은 「포이어바흐에 관한 테제」 11테제를 쉽게 떠올릴 수 있을 것이다. 그러나 생활과 의식에 관한 앞선 명제를 『자본』의 '물신성 개념'과 결부지어 논의하거나 '해석과 변혁'의 개념적인 대별성을 마르크스의 '실천' 개념이 기대고 있는 철학사적 맥락이나 헤겔의 '정신' 개념과 관련하여 포괄적으로 논의하는 경우는 극히 드물다. 전자의 경우가 대개 '사회적 존재에 의한 의식 구속성'으로서 경제 설성론을 확고히 하는 왜곡된 이해로 귀결된다면, 후자의 경우는 선이론·후실천 혹은 실천 우위적 관점에서 이론의 무용성이라는 이분법적 도식 안에 마르크스를 가두고 만다. "널리 알려져 있는 것은, 그것이 널리 알려져 있기 때문에, 가장 적게 인식되어 있는 것이다"라는 헤겔의 통찰은 마르크스의 사상을 논의하는 우리의 현 상황과 관련하여 여전히 유효하다.

거칠게 말하자면, 한국 사회에서 마르크스를 논의하는 수준이 여전히 답보적인 상태에 머물러 있다는 것이다. 이 초보적이고 답보적인 상태의 정점에 마르크스의 사상과는 전적으로 무관한 다음과 같은 정식들, 예컨대 의식에 대한 물질의 선차성 테제, 토대(하부 구조)에 의한 상부 구조의 결정성, 혹은 원시 공산제로부터 공산주의 사회에 이르는 역사 발전의 5단계설 및 이 발전의 동력으로 규정된 생산력주의와 같은 정식들이 마르크스 사상을 대표하는 유력한 해석들로 자리 잡아 왔거나 여전히 마르크스 사상의 핵심으로 지목되고 있다. 우리의 마르크스 담론사와 관련하여 이러한 통념들이 오랜 기간 동안 마르크스 사상에 대한 호·불호를 가르는 준거점으로 작용해 왔다는 지적이 새삼스러운 것은 아니다. 중요한 것은 이 통념들 안에 시뮬라크르가 된 마르크스가 극대화되어 있다는 점, 즉 통념 안에 원본이 존재하지 않는다는 사실이다.

1980년대 이래 가속화된 시장 이데올로기의 확장과 팽배,

자본의 세계화 및 지구화, 그로 인한 사회적 삶의 피폐화 현상은 시장과 자본의 강력한 담론에 맞설 수 있는 새로운 출구로서 현실적인 대안을 절실하게 요구하고 있다. 현실 사회주의의 붕괴와 함께 등장한 마르크스주의 위기 담론이 사회주의 실패 원인을 그 근본에서부터 진단하기 위해 통념화된 '마르크스주의'로부터 '19세기 마르크스'로의 복귀를 주요 의제로 삼고 있는 것 역시 이러한 대안 모색의 일환으로 이해할 수 있다. 왜 '19세기 마르크스'로의 복귀라는 학문적 요구의 등장인가? 박제화된 마르크스 사상으로부터 마르크스 본연의 사상을 충실히 이해해야 한다는 학문적인 요구의 등장은 그동안 한국 사회에서 마르크스 사상을 수용하고 논의해 왔던 지적 풍토에 대한 자성적 태도의 반영이자, 21세기의 현대 자본주의의 지형도를 19세기의 마르크스를 통해 읽어낼 수 있는 가능성의 탐색으로 집약된다.

  '마르크스 르네상스'라 불리는 마르크스로의 회귀 요구의 주된 원인들로 여러 가지를 생각할 수 있겠지만, 우선은 세련된 현대 자본주의의 눈부신 발전과 그 성과들에도 불구하고 여전히 19세기 산업 자본주의를 지배했던 굶주림에 대한 공포와 이윤 축적의 갈망이 '풍요 속의 불안'과 '경쟁에의 압박'으로 지속되고 있기 때문이며, 보다 근본적으로는 새로운 현상을 해석할 수 있는 새로운 개념들과 문제 틀의 정립이 오직 마르크스 본연의 사상에 대한 정확한 이해를 전제로 해서만 가능하다는 자각 의식 때문일 것이다. 최근 일본 학자들이 쓴 마르크스 사전이 한국어로 번역되어 출간된 것이나 한국의 마르크스 연구자들이 MEGA 번역 작업에 착수한 일은 이상의 문제의식을 정확하게 반영하고 있는 발전적인 연구 풍토라고 평가할 수 있다. 일찍이 마르크스의 저작들을 충실하게 번역하고 해석하면서 축적된 연구 성과를 토대로 풍성한 마르크스주의 담론을 형성해 왔던 일본이나 서구 유럽의 학문적 풍토에 우리의 현실을 비추어 보면, 국내에 축적되어 있는 마르크스에 관한 수많은 연구 문헌들에도 불구하고 여전히 빈곤하기만 하다. '마르크스의 『자본』은 더 이상 기능하지 않는다' 라는 선언적 진단 혹은 '현실을 설명할 수 없는 이론은 더 이상 이론일 수 없다' 는 주류적 담론의 냉소적 태도를 넘어서고, 이러한 진단과 태도를 마르크스 사상에 대한 '즉물적 테러'로 고발하기 위해서는 마르크스가 『자본』을 비롯한 그의 저작들에서 무엇을 주장하고 있는가를 있는 그대로 정확하게 파악할 필요가 있다. 마르크스 저작들의 번역 작업이나 사전의 출간 및 용어의 재정리 작업이 그 어느 때보다 중요한 이유다.

2

『마르크스의 용어들』(이하 『용어들』)은 마르크스의 핵심 개념들을 모두 망라하고 있는 방대한 분량의 저서는 아니다. 마르크스의 철학, 역사 유물론, 정치경제학을 관통하는 45개의 개념들을 통시적 혹은 공시적 관점에서 검토하고 있는 얇은

소책자이기는 하지만 이 책이 가진 강점은 적지 않다.

저자가 책의 근본적 목적을 밝히는 대목에서 언급하고 있는 것처럼 이 책은 "마르크스가 자신의 사유를 구상하기 위해 만든 용어들의 의미를 탐색하고, 몇몇 핵심적 개념들에 내재된 혁신성, 애매성 그리고 이해의 난점 등을 강조"하고자 하는 일차적인 목적 외에도 교조적 마르크스주의에 의해 오염되고 왜곡된 마르크스의 용어들을 마르크스 사상 본연의 지평으로 견인해 오려는 목적을 갖는다. 마르크스주의와 마르크스의 가르기와 구획 짓기를 통해 저자는 〈알려져 있는 것〉에 대한 〈인식된 것〉의 우위성을 확보하려는 전투적인 목적을 설정한다. 특히 이 후자의 목적은 "많은 독자들이 마르크스 사상을 이해하는 데 어려움을 겪는 이유는 어쩌면 종래에 너무나 자주 교조적인 철학 용어 사전 양식으로 마르크스를 기술해 왔기 때문"이라는 저자의 진단 속에 함축적으로 드러나 있다. 때문에 『용어들』은 단순히 마르크스의 핵심적인 개념들을 축자적인 차원에서 소개하는 사전적 차원에 머무르지 않고, 그 개념들의 해석사에 적극적으로 개입하여 생산적인 논쟁을 촉발하려는 실천적인 목적을 갖는다.

이러한 목적을 충족시키기 위해 우선 이 책의 저자는 하나의 개념이 마르크스의 각 저작들에서 어떤 용례와 의미로 이해되고 사용되는가를 충실하게 검토하고 있다. 개념의 그 용례와 의미 사용의 일관성 및 비일관성을 마르크스 저작의 한복판에서 천착하는 방식을 통해 저자는 마르크스 사상 안에 내재된 공백과 부재의 흔적들을 새롭게 바라볼 수 있는 관점들을 제시하기도 하고, 용어의 해석사와의 연관 아래에서 간과된 지점들을 논쟁적인 방식으로 제시하면서도 그 개념의 철학사적 지평을 통시적 관점에서 조망해 내고 있다.

때문에 이 책은 이중적인 성격을 갖는다. 『용어들』은 우선 마르크스 사상을 이해하기 위해 핵심적이라 할 수 있는 주요한 개념들을 빠짐없이 제시하고 있다는 점에서 사전적인 성격 혹은 마르크스 사상에 대한 입문서적인 성격을 지닌다. 동시에 각 개념들마다 저자가 그 자신만의 독특한 문제 제기로 개념의 내용을 마무리하고 있다는 점에서 『용어들』은 마르크스 사상에 대한 또 다른 해석서이기도 하다. 사전과 해석서가 양립할 수 없다고 생각하는 사람들에게 이 조합이 다소 엉뚱해 보일 수도 있겠지만, 이러한 전략을 구사함으로써 이 책은 오히려 저자의 해석에 대한 독자들의 문제 제기를 촉발하고 더 나아가 마르크스의 개념들을 그 원천에서부터 재검토함으로써 마르크스 사상 및 그 해석사와 관련된 생산적인 논의의 장을 마련하고 있다.

저자가 개념을 검토해 가는 방식은 세 단계로 구성되어 있다. 첫 번째 단계에서 저자는 하나의 저작에서 지배적인 위치를 갖는 마르크스의 개념이 어떤 의미로 이해되고 사용되는지를 검토하고 정리한다. 두 번째 단계에서 저자는 그 개념이 마르크스의 다른 저작들 내에서 어떤 의미 변천을 거치는지를 포괄적으로 탐색한다. 마지막 세 번째 단계에서 저자는 한 개념의 수용사 및 마르크스 사상의 변천사를 의식에 두고 이에 대한 저자 자신의 해석적 관점을 투여하면서 문제를 제기한다. 저자의 문제 제기는 하나의 개념이 마르크스의 저작들 내에서 차지하고 있는 논리적 정합성에 관여되어 있거나 혹은 개념에 대한 왜곡된 용례들과 대결하면서 정확한 의미 규정 혹은 추가적인 해석을 가하는 것으로 집중되어 있다. 이런 점에서 이 저작에 수록된 모든 개념들은 마르크스 사상의 핵심적인 개념들을 그의 저작 전반에 걸쳐 조망할 수 있는 관점들을 제시하면서도 동시에 교조적인 마르크스주의적 담론에서 오염된 마르크스의 용어들을 정확하게 교정하는 방향으로 수렴되고 있다.

일례로 저자는 마르크스의 어떤 개념은 보다 근본적이지 못함을 비판적으로 언급하기도 하고(예를 들어, 가치), 어떤 개념에 대해서는 개념 사용에 있어서 마르크스의 비일관성을 지적하기도 하며(예를 들어, 개인), 어떤 개념에 대해서는 그 개념이 갖는 유효성과 현재성을 강하게 적시하기도 한다(예를 들어, 상품 물신주의). 각 개념에 달려 있는 저자의 문제 제기는 우리가 알고 있는 개념의 술어들을 교정하기도 하고, 보충하기도 하며, 심화시키는 역할을 하기도 한다.

『용어들』은 두 개의 전선을 형성하고 있다. 하나의 전선이 '마르크스 바로 이해하기'를 목적으로 한다면, 다른 하나의 전선은 마르크스의 저작들로부터 '새로운 문제의식 길어내기'를 목적으로 한다. 이 전선들이야말로 우리의 마르크스 연구를 위해 가장 절실하게 요청되는 것이 아닌가? 작은 분량의 책이기는 하지만, 『용어들』이 관여하고 있는 영역들과 천착해 들어가는 깊이를 고려해 볼 때, 방대한 사전 못지않게 알차게 구성된 책이다.

3

최근에 국내에서 출간된 한 번역서의 후기는 '이론과 실천의 관계 물음'을 중심으로 「포이어바흐에 관한 테제」 중 4개 테제를 비판적으로 검토하고 있다. 핵심은 마르크스가 테제 11번에서 제시하고 있는 해석과 변혁에 관한 문제다. 번역서에 달린 옮긴이의 후기에서 번역자가 어떤 의도로 마르크스의 테제를 언급하고 있는지는 그다지 궁금하지 않다. 중요한 것은 그가 마르크스의 테제를 두고서 마르크스가 자기 수행적 모순을 범하고 있다고 지목하는 대목이다. 실천적 유물론의 핵심을 담고 있는 4개의 테제를 하나하나 검토하면서 번역자는 마르크스가 이론과 실천의 관계를 잘못 설정하고 있으며, 실천이란 이론의 정립 없이 불가능하기에 이 양자 사이의 위계를 정확하게 이해하지 못했다고 비판한다. 마르크스는 이론 자체의 무용성과 실천의 선행성을 주장하고 있으며, 같은 말이지만, 이론은 공허하고 무기력하기 때문에 오로지 실천만이 우리의 세계를 변화시킬 수 있다고 주장한다고 단정짓는다.

기껏해야 반영론에 불과한 기계적 유물론과 낡아빠진 시민 사회를 이론적으로 관조하기만 함으로써 시민 사회에 대한 개념적 파악을 차단하고 있는 감성적 유물론의 한계를 비판하고 있는 1테제, 인간을 둘러싼 환경이 인간에게 주어진 산물이 아니라, 인간 활동의 역사적 침전물임을 간파하고 이로부터 양자의 상호적 매개 관계를 통찰하고 있는 3테제, 시민 사회의 병폐를 오직 〈직관〉하기만 하는 감성적 유물론과 동일한 병폐에 대한 개념적 진단 속에서 이것의 전복을 기도하는 실천적 유물론이 대별되고 있는 10테제가 어떤 논리적 근거에서 '이론의 무용성'을 주장하고 있다는 것인지 이해할 수 없다. 더욱이 마르크스의 비판이 겨냥하고 있는 이론이 실천으로부터 유리되어 있는, 혹은 실천과 매개되어 있지 않은 사변적 이론이라는 점을 염두에 둘 때, 마르크스의 테제들을 이론의 공허성과 실천의 우위성이라는 틀로 읽어내도 좋은 것인지 이해하기 어렵다. 실천과 이론의 변증법적 연관관계, 즉 실천이 이론의 현실화(구체화)이며, 이론이 실천의 개념화라는 마르크스의 주장이 이론과 실천에 대한 위계 관계를 설정하고 있는 것인가? 혹은 이것이 이론의 무용성을 적극적으로 강조하고 있는 것인가?

마르크스에게 선이론, 후실천이라는 도식이 애초부터 성립하지 않을 뿐만 아니라, 이론과 실천이 분리되지도 않는다는 점을 상기할 때, 마르크스가 이론의 무용성을 주장하고 있다거나 실천의 우위성을 강조한다는 해석은 의심스럽기만 하다. 11개의 테제를 통해 마르크스가 제시하고자 하는 바는 인간의 실천이 이론의 역사적 침선물이며, 이론은 실천과의 매개 속에서만 오직 이론일 수 있다는 점, 이런 점에서 실천은 결코 이론과 분리되어 이론을 배척하지 않는다는 점이다. 이론 안에서 실천을 바라보는 것, 이론을 실천과 분리해 이해하지 않는 것, 역으로 실천을 이론과 따로 떼어놓고 해석하지 않는 것. 이를 통해 물자체라는 신비주의적 망상을 분쇄하는 것. 이것이 마르크스가 이론과 실천의 변증법을 통해 제시하고자 했던 '실천적 유물론'이라는 '이론' 아닌가.

「포이어바흐에 관한 테제」에 대해 다양한 해석이 제출되는 것은 환영할 만한 일이나, 마르크스가 테제에서 언급하고 있는 그 근본적 전제들에 대한 천착도 없이 마르크스에게 자기 수행적 모순을 범하고 있다고 비판하는 것은 비판이 아니라 소박한 비난에 가깝다. 덧붙여 그 정당성을 경험적인 역사 지평에서 구하지 않는 이론, 혹은 역사의 외부에서 초월적으로 인간의 삶과 활동을 인도한다고 가정되는 그 이론이 어떤 방법으로 그 공허성을 피해갈 수 있는 것인지 묻고 싶다. 그 규제적이고 당위적인 이론이 '누구의/무엇의' 산물일 수도 있는 것인지 몹시 궁금하다.

요약하자면, 이것이 현재 한국 사회에서 마르크스를 이해하고 논의하는 방식 중의 하나라는 것이다. 특정 철학자의 문제 틀에 맞추어 마르크스를 해체하는 것, 복제된 마르크스를 또다시 복제하는 것은 마르크스를 정확하게 이해하는 길이 아니라, 마르크스 사상에 대한 정확한 이해의 길을 영구적으로 차단하는 길이다. 그러한 시도 속에서 진짜 마르크스는 가짜 마르크스 속에 휘발되거나 실종된다. 마르크스의 용어들을 그 근본에서 탐색하는 것은 이런 차원에서 마르크스 연구와 관련하여 새로운 지평을 개척하는 실천적인 의미를 갖는다. 우리의 손에 의해 쓰여진 책은 아니지만, 『용어들』은 이 실천적 의미를 충족시킬 수 있는 적합한 출발점이다.

"개념이 사라진 곳에서는 말이 거침없이 등장한다"(『자본』). '우리의' 마르크스주의, '우리'의 마르크스 연구 풍토와 관련하여 이 명제의 의미를 깊이 되새겨야 할 때다.

프랑스어에 무지한 필자에게 이 책을 가장 먼저 한국어로 읽을 기회를 주신 이 책의 번역자 유재홍 선생님께 감사드린다.

올력의 책

인문-사회과학 분야

과학 기술 시대의 삶의 양식과 윤리
도성달 외 지음

9월 11일 이후의 감시
데이비드 라이언 지음 | 이혁규 옮김

꿈과 저항을 위하여: 에른스트 블로흐 읽기 · I
박설호 지음

나는 히틀러를 믿었다
귀도 크놉 지음 | 신철식 옮김

누가 세계를 약탈하는가   환경정의연대 선정 환경도서
반다나 시바 지음 | 류지한 옮김

누가 아이의 마음을 조율하는가
버너데트 호이 지음 | 황현영, 김세준 옮김

다른 여러 아시아
가야트리 스피박 지음 | 태혜숙 옮김

대외 경제 협력의 전략적 모색
김종걸 지음

대중문화 심리 읽기   문화관광부 선정 교양도서
김현식 지음

대항지구화와 '아시아 여성주의'   문화관광부 선정 우수학술도서
태혜숙 지음

동북공정의 선행 작업들과 중국의 국가 전략   간행물윤리위원회 선정 이달에 읽을 만한 책
우실하 지음

동아시아 공동체
다니구치 마코토 지음 | 김종걸, 김문정 옮김

라스카사스의 혀를 빌려 고백하다
박설호 지음

마르크스의 용어들
엠마뉘엘 르노 지음 | 유재홍 옮김

미국의 권력과 세계 질서
크리스천 류스-슈미트 지음 | 유나영 옮김

미래를 살리는 씨앗
조제 보베, 프랑수아 뒤푸르 지음 | 김민경 옮김

분노의 대지
앙드레 뽀숑 지음 | 김민경 옮김